Klaus Eckhardt (Hrsg.)

In Sibirien kriegsgefangen

Erinnerungen aus den Jahren 1917 bis 1920
von Hermann Groß

Bibliografische Information der Deutschen Nationalbibliothek:
Die Deutsche Nationalbibliothek verzeichnet diese Publikation
in der Deutschen Nationalbibliografie; detaillierte bibliografische
Daten sind im Internet über http://dnb.dnb.de abrufbar.

© 2017 Klaus Eckhardt
Umschlaggestaltung: Henrike Eckhardt

Herstellung und Verlag: BoD – Books on Demand, Norderstedt
ISBN: 978-3-7431-9031-3

Inhalt

Vorwort 7
Geschichtlicher Hintergrund 9
In Galizien 13
Meine letzte Patrouille 16
Gefangen 23
Von Czernowitz nach Pensa 26
Von Pensa nach Chabarowsk 33
In Chabarowsk 41
"Heimfahrt" 1918 55
Im Lager Kansk 68
Unter den Bolschewiken 85
Der Spezialistentransport 102
Die Flucht 107
Von Petersburg nach Deutschland 125
Nachwort 133

Vorwort

Ich hatte keine Gelegenheit, meinen Großvater mütterlicherseits, Hermann Groß, persönlich kennenzulernen. Er starb vor meiner Geburt, am 2. März 1957 im Alter von 66 Jahren. Früh, wie es in der Familie hieß, unter anderem wegen der Entbehrungen, die er während seiner Gefangenschaft im Ersten Weltkrieg erleiden musste.

Hermann Groß stammte aus der kleinen Ortschaft Goffontaine (auch Stahlhammer genannt) im heutigen Osten der Stadt Saarbrücken. Er meldete sich Anfang August 1914 als Kriegsfreiwilliger zum 2. Schwere-Reiter-Regiment „Erzherzog Franz Ferdinand von Österreich-Este", einem Kavallerieverband der Bayerischen Armee mit Friedensstandort in Landshut. Warum er gerade diesem Verband beitrat, lässt sich nicht mehr nachvollziehen. Zu berücksichtigen ist, dass das saarländische Kohlerevier mit Saarbrücken Anfang des zwanzigsten Jahrhunderts zwar zu Preußen gehörte, die Grenze zum Königreich Bayern, das damals auch Teile der heutigen Bundesländer Rheinland-Pfalz und Saarland umfasste, aber nur einige Kilometer östlich von Goffontaine entfernt verlief.

Ausschnitt der Karte des Deutschen Reichs im Maßstab 1:100.000, Blatt 570, aus dem Jahr 1909. Der nachträglich eingefügt Pfeil verweist auf Goffontaine. Die Grenze zwischen Preußen und Bayern verläuft ungefähr in Nord-Süd-Richtung rechts der Ortsnamen Bischmisheim und Fechingen (Quelle: Landkartenarchiv.de).

Ende Juli 1917 wird Hermann Groß auf einem Patrouillenritt durch russische Soldaten auf dem Gebiet der heutigen Ukraine gefangen genommen. Er wird mit der Transsibirischen Eisenbahn bis fast an den Pazifik transportiert und in Chabarowsk nahe der Grenze zu China interniert. Mit einer langen Gefangenschaft scheint nicht zu rechnen zu sein. Tatsächlich wird im Dezember 1917 der Separatfrieden von Brest-Litowsk zwischen den Mittelmächten und Russland geschlossen. Im April 1918 beginnt der Abtransport der Gefangenen aus Chabarowsk Richtung Westen. Die Hoffnung auf die baldige Rückkehr in die Heimat wird jedoch bitter enttäuscht. Bereits im November des Vorjahres ist in Russland die Revolution und mit ihr der Bürgerkrieg zwischen den Bolschewisten und konterrevolutionären Kräften ausgebrochen. Die „Tschechische Legion" bringt die Transsibirische Eisenbahn unter ihre Kontrolle und stoppt die Gefangenentransporte. Erst im September 1920, nach mehr als drei entbehrungsreichen Jahren, erreicht Hermann Groß wieder Deutschland.

Die erste, handschriftliche Fassung seiner Erinnerungen an die Kriegsgefangenschaft datiert aus dem Jahr 1922. Das Schriftbild, in dem die Aufzeichnungen nachfolgend wiedergegeben sind, lehnt sich an eine kurz darauf entstandene Schreibmaschinenabschrift an. Die handschriftlichen Zeichnungen stammen von Hermann Groß selbst. Die Fotos und übrigen Dokumente sind seinem Nachlass entnommen. Die Karte auf Seite 12 und sämtliche Fußnoten stammen vom Herausgeber.

In den Text eingestreut sind Auszüge von Briefen, die Hermann Groß aus Russland an seine Familie geschickt hat. Mehr noch als die Nacherzählung seiner Erlebnisse geben sie Einblick in seine Gefühle, die von Heimweh, Hoffnung und Niedergeschlagenheit geprägt sind.

Die Erinnerungen meines Großvaters an seine Kriegsgefangenschaft in der vorliegenden Form zu veröffentlichen, ist das Ergebnis familiärer Zusammenarbeit. Mein Vater, Heinz Eckhardt, hat das gesamte Skript vor Jahren nochmals auf Schreibmaschine abgeschrieben. Diese Vorlage hat mein Sohn, Karsten Eckhardt, digitalisiert. Ich selbst habe den digitalisierten Text Korrektur gelesen und um die zusätzlichen Materialien und Erläuterungen ergänzt. Meine Mutter, Dietgard Eckhardt, geborene Groß, hat mit mir die alten Dokumente durchgesehen, beim Entziffern der handschriftlichen Texte geholfen und mir von ihrem Vater, meinem Großvater, erzählt.

Klaus Eckhardt

Geschichtlicher Hintergrund

Der 1. Weltkrieg begann im Sommer 1914. Die Mittelmächte um das Deutsche Kaiserreich und seinen Hauptverbündeten Österreich-Ungarn standen gegen die "Entente" um Frankreich, das Vereinigte Königreich und Russland.

Am 15. März 1917 dankte Zar Nikolaus II ab. Die provisorische liberal-nationalistische Regierung Russlands war - im Gegensatz zur radikalen Linken im eigenen Land, den Bolschewisten - entschlossen, den Krieg an der Seite der Westmächte fortzusetzen. Am 1. Juli 1917 traten die russischen Truppen in Galizien, auf dem Gebiet der heutigen Ukraine, zu einer letzten großen Sommeroffensive mit Stoßrichtung Lemberg an, die sich jedoch schon bald festlief. Die Mittelmächte antworteten mit einer Gegenoffensive, die am 19 Juli begann und die Front bis hinter Tarnopol und Czernowitz zurückdrängte. Während dieser Offensive wurde Hermann Groß gefangen genommen. Insgesamt mehr als zwei Millionen Soldaten der Mittelmächte teilten sein Schicksal der russischen Kriegsgefangenschaft.

Ausschnitt aus „Adolf Stieler's Hand Atlas über alle Theile der Erde und über das Weltgebäude" von 1891 (Quelle: Landkartenarchiv.de). Czernowitz, in dessen Nähe Hermann Groß gefangen genommen wurde, liegt rechts unten unweit der damaligen Grenze zwischen Österreich-Ungarn und Russland.

Im November 1917 brach in Russland die bolschewistische Revolution aus. Die Armee und das Volk waren kriegsmüde, an einen längeren militärischen Widerstand war nicht mehr zu denken. Die provisorische bolschewistische Regierung richtete an die kriegsführenden Mächte einen Friedensappell. Den Mittelmächten bot sich damit die schon lange erhoffte Chance, die Koalition ihrer Kriegsgegner durch einen Separatfrieden im Osten zu sprengen. Am 3. Dezember begannen in Brest-Litowsk zunächst Waffenstillstandsverhandlungen, am 22. Dezember dann Friedensverhandlungen zwischen den Mittelmächten und Russland. Angesichts der desolaten Lage im eigenen Land und nach einem raschen und weiten Vorstoß deutscher Truppen nach Osten musste die bolschewistische Führung unter Lenin die Friedensbedingungen der Mittelmächte annehmen. Am 3. März 1918 wurde der Vertrag von Brest-Litowsk unterzeichnet.

Hermann Groß im Jahr 1916.

Die Hoffnung auf eine baldige Heimkehr erfüllte sich für viele Kriegsgefangene dennoch nicht.

Bis Ende 1917 hatten sich der russischen Armee mehrere Zehntausend Tschechen angeschlossen, die überwiegend aus der österreichisch-ungarischen Armee dessertiert oder in Kriegsgefangenschaft geraten waren. Im März 1918 wurde geplant, sie mit der Transsibirischen Eisenbahn nach Osten zu transportieren, am Pazifik einzuschiffen und nach Westeuropa zu bringen, damit sie sich dort dem Kampf gegen die Mittelmächte anschließen könnten. Doch schon während des Transports durch Sibirien zeichnete sich das Scheitern dieses Vorhabens ab. Als es zu Auseinandersetzungen mit bolschewistischen Kräften kam, besetzte die „Tschechische Legion" Ende Mai die Stadt Tscheljabinsk und brachte als stärkste bewaffnete Macht der Region die Transsibirische Eisenbahn unter ihre Kontrolle. Damit war den meisten in Sibirien internierten Kriegsgefangenen, darunter mehr als 20 000 Reichsdeutschen, der Rückweg versperrt. Quälende und entbehrungsreiche weitere Jahre der Internierung folgten. Erst ab Mai 1920 begann die geordnete Rückführung der Gefangenen nach Westen.

Herman Groß beginnt seinen Bericht im Juli 1917 mit seiner Verlegung nach Ostgalizien, einem Landstrich, der damals zu Österreich-Ungarn gehörte, heute aber im Westen der Ukraine liegt. Zur Orientierung zeigt die folgende Seite eine Karte mit den heutigen Staatsgrenzen und Stationen seines Berichts.

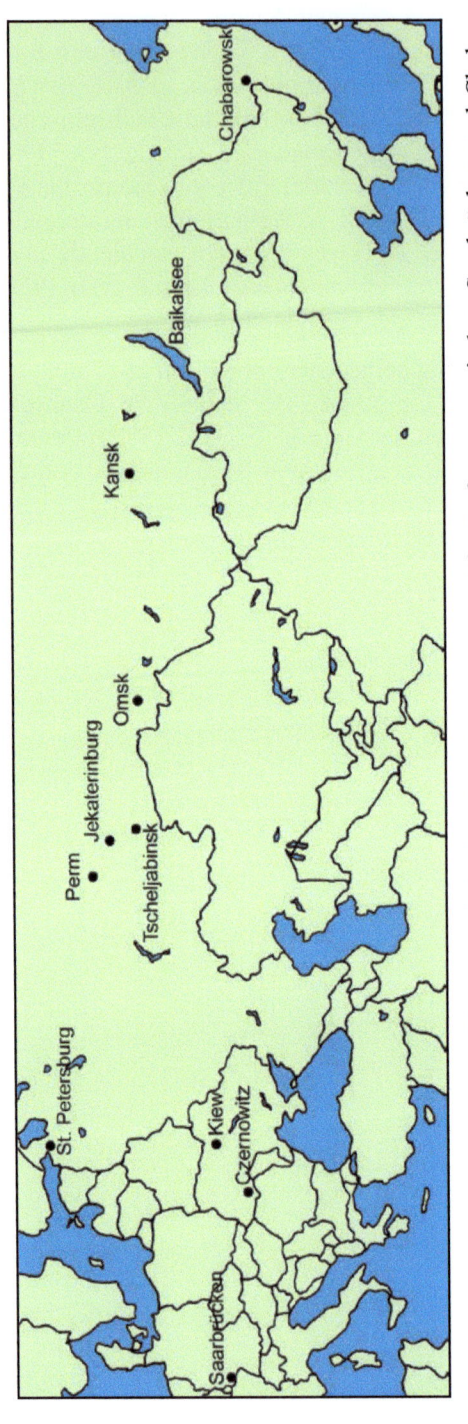

Stationen des Berichts vor dem Hintergrund der heutigen Staatsgrenzen. Die Entfernung zwischen Saarbrücken und Chabarowsk beträgt mehr als 8 000 km.

In Galizien

Mit der Bahn waren wir von Stochod, wo wir ein ganzes Jahr vor dem Brückenkopf vor Toboly in sumpfigen Stellungen gelegen hatten, nach Galizien gekommen. Es war ein großer Durchbruch geplant, bei dem durch eine schnelle, bogenförmig umfassende Bewegung mehrerer Kavalleriedivisionen die in Galizien befindlichen russischen Truppen umfasst werden sollten. Nach der langen Grabenrutscherei freuten wir uns wieder auf einen frisch-fröhlichen Reiterkrieg mit seiner Ungebundenheit und Abwechslung.

Da bekamen wir in Lemberg die Nachricht, dass die Russen die Österreicher weiter im Süden zurückgedrängt hätten und dass die bayerische Kavalleriedivision, bei der ich Vizewachtmeister der Reserve und Offiziersaspirant bei der 5. Schwadron des zweiten Schweren Reiterregiments war, dorthin befohlen sei, um das russische Vordringen zum Stehen zu bringen. Wir fuhren also über Stryj südwärts. Nachts hielt der Zug, ein Adjutant brachte Befehle. Es war stockdunkel und regnete in Strömen. Eilig wurden die Pferde ausgeladen, aufgesessen, und im Zotteltrab ging es auf einer aufgeweichten Straße nach Süden weiter. Es war so dunkel, dass man nichts sehen konnte und sich nach dem Geklapper der Hufe richten musste, um nicht die Fühlung zu verlieren.

Wir waren ein Detachement von zwei Schwadronen des 2. Schweren Reiterregiments, die dritte und die fünfte Schwadron, unter Führung des Rittmeisters Graf von Syretti. Im Morgendämmern kamen wir durch einen größeren Ort. Der Stab der Schweren Reiter Brigade war schon dort. Bei ihnen bekamen wir weitere Befehle und Aufklärung über die allgemeine Lage. Zurückgehende österreichisch-ungarische Truppen kamen uns aufgelöst entgegen, wir ritten auf einer Holzbrücke über die Lomniza und kamen an einem regentrüben Morgen in einem Talkessel gelegenen Dorfe, Landestrau, an. Die 3. Schwadron rückte in einem anderen Ort einige Kilometer entfernt. In Landestrau war alles durcheinander: Einzeln oder in

Trupps zurückgehende Österreicher, jammernde Weiber, einschlagende russische Granaten, Maschinengewehrgeknatter, dazu strömender Regen. Wir waren abgesessen, hockten bei einer Bauernfamilie um den Tisch herum und hatten unsere klatschnassen Mäntel, Röcke und Stiefel am Ofen hängen. Da kam ein Meldereiter vom Grafen von Syretti. Mein Rittmeister, Freiherr von Plockwils, gab mir den Befehl, mit einem Schützenzug (als "Korsettstange") in die Österreicher einzuschwärmen. Mit meinen Schützen zog ich die lehmige steile Bergstraße hinauf. Ein trostloses Bild: Zugrückflutende Haufen (unsere Bundesgenossen), schlapp mit Hängeköpfen, im Straßengraben weggeworfene Infanterie- und Artilleriemunition, Handgranaten, krepierte Pferde, umgeworfene Wagen. Ein Offizier, wer es war, konnte ich damals noch nicht unterscheiden, rief mir menschenfreundlich zu: "Wo wollen's hin, Herr Kamerad? Gangen's z'ruck, die Russ'n kemma!" Mit diesen Leuten war nichts mehr anzufangen, ich ließ sie ruhig laufen, drunten im Dorf wird man sie auffangen. Auf der Höhe fragte ich einen Offizier, wo die Linie sei. "Hier, Herr Kamerad" antwortete er. Ich sah nichts als einzelne herum hockende Haufen Österreicher, in Geländemulden gedrückt. Auf meine Frage: "Warum verschanzen Sie sich denn nicht?" die wehleidige Antwort: "Wir müssen doch wieder z'ruck." Als sie merkten, was ich wolle, fingen sie an, sich um meine Leute zu reißen: "Kommen's z'mir, kommen's z'mir!". Meine Leute waren schwer geladen: "Christkindlesg'schwerl, damische Deifi" waren die gelindesten Koseworte. Das brachte etwas Beruhigung, zum Glück: denn meine Reiter waren, weil sie nicht, wie gehofft, Gräben vorgefunden hatten und daher zu buddeln anfangen mussten, in ein gefährliches, zu Tätlichkeiten geneigtes Stadium von Wut geraten. Ich ließ sie sich auf ein nicht allzu langes Stück der nunmehr sich bildenden Linie verteilen und mit Verschanzen beginnen, welchem Beispiel jetzt die Bundesgenossen allmählich folgten. Es dauerte nicht lange, bis etwas entstanden war, was notdürftig hätte Deckung bieten können.

Von Russen war, soweit das Auge reichte, nichts zu sehen. Ich war wohl noch keine halbe Stunde da, als ich den Befehl bekam, mit den Schützen wieder bei der Schwadron einzurücken. Als ich ins Quartier kam, wunderte ich mich über die überaus fröhliche Laune, in der sich die Herren befanden. Rittmeister von Plockwils, Oberleutnant Hofmeier und Leutnant Müller bogen sich vor Lachen und erzählten mir, dass soeben ein k.u.k. General hereingestürzt sei mit dem verzweifelten Ruf: "Wo ist meine Brigade, wo ist meine Brigade?" die Tür wieder zuschmiss und ehe sich die Herren von ihrem Staunen erholen konnten, wieder verschwand.

Das Wetter hellte sich auf und die der bayerischen Kavalleriedivision zugeteilten Gardereservejäger kamen an. Wie auf dem Exerzierplatz entfalteten sie auf dem gegenüberliegenden Berghang ihre Schützenlinie und trieben in schneidigem Angriff die dort am weitesten vorgedrungenen Russen zurück. Bei unserem Bundesgenossen wurde die Nachricht verbreitet: "Hinter uns stehen die Deutschen mit Maschinengewehren und schießen alles, was zurückgeht, zusammen." Die 3. Schwadron war mit dem Gegner in Fühlung getreten, der russische Vormarsch stockte. Die Division kam an, das Detachement wurde abgelöst und hinter die Lonniza gezogen. Zwei Tage war ich dort Verbindungsoffizier bei einem ungarischen Artilleriestab, dann wurden wir gegen die Karpaten zu verschoben, wo wir einige Tage als "Korsettstange" dienten. Es kamen noch deutsche Truppen an. Den Russen wurde gründlich eingeheizt. Sie wurden zum Rückzug gezwungen. Die Schützen wurden eingezogen, wir holten auf, und Tag und Nacht ging es hinter dem Gegner her. Wieder Regen, in die Luft gesprengte Munitionslager, halb zerstörte Brücken, steife Knochen, müde Pferde. Der Regen hört auf, der Himmel wird hell. Auf einer Höhe hält der Divisionsstab, die Lage wird erklärt, Befehle gegeben, weiter geht es. Die Schwere Reiter-Brigade zieht in geschlossener Marschordnung auf offener Chaussee. Plötzlich kommen Granaten und Schrapnelle angesaust, mitten in die Marschkolonne hinein. Vor mir reißt es Reiter und Pferde in den Chausseegraben. Matsch, Blut, Fluchen, Unruhe. Das erste Regiment reitet auf der Straße weiter, das zweite macht kehrt und trabt langsam Deckung suchend zurück. Die Pferde sind unruhig, links und rechts schlagen Granaten ein. Leutnant von Hertling, der vor mir ritt, hat eine Schrapnellkugel eine daumendicke Delle in den Stahlhelm geschlagen, er ist eine Zeit lang ganz dösig. In einem Nadelwald finden wir Deckung, das Schießen hört auf, es wird Nacht.

Meine letzte Patrouille

Der Morgen des 24. Juli 1917 dämmert. Ich streife die Pferdedecke, mit der ich mich zugedeckt hatte, von mir. Ich liege auf einem Reisiglager unter einer dicken Fichte, ringsum schlafende Reiter und im Nebel schnaufende Pferde. Ich stehe auf und gehe an einen Wassergraben am Waldrand, um mich zu waschen. Als ich zurückkomme, sind auch die anderen munter. Der Rittmeister reibt sich den Schlaf aus den Augen, Oberleutnant Hofmeier hat sich eine Zigarette angebrannt, und Leutnant Müller reckt seine durch die Nachtkühle und das harte Liegen steif gewordenen Glieder. Die Feldküche raucht schon, die Reiter tränken und füttern die Pferde. Bald sitzen wir scherzend auf dem Waldboden, trinken unseren Morgenkaffee und kauen "Barrass" mit Marmelade. Ich hatte mir eben meine Mexiko angezündet, da kam Oberleutnant Hofmeier angeschlendert und sagte, dass er soeben gehört habe, dass ich mit einer Patrouille zur Aufklärungseskadron des Prinzen Adalbert von Bayern abgestellt würde. Es dauerte nicht lange, da wurde ich durch eine Ordonnanz zum Brigadestab, der einige hundert Meter weiter im Walde lag, befohlen.

Die Herren saßen um auf dem Boden ausgebreitete Karten. Ich wurde von Seiner Königlichen Hoheit aufgefordert, mich dazu zu setzen. Prinz Adalbert legte an Hand der Karten die Lage dar: Der Gegner war weiter im Rückzug, die Aufklärungseskadron hatte einen sich gegen Czernowitz ziehenden Streifen aufzuklären. Falls sich der Feind nicht am jenseitigen Bistrizaufer stellte, hatten zwei Offizierspatrouillen den Auftrag, auf den den zugeteilten Streifen im Norden und im Süden begrenzenden Straßen mit dem Gegner Fühlung zu halten. Die südlich über Nadworna, Kolomea und Sniatyn führende wurde Leutnant von Kirschbaum zugeteilt, mir die nördlich über Nadworna, Tysmienica[1], Tlumacz und Horodenka führende. Man wünschte uns viel Glück und wir ritten ab.

Vorläufig blieben die beiden Patrouillen zusammen. Um das russische Artilleriefeuer nicht auf uns zu lenken, ritten wir, möglichst die Geländemulden ausnutzend, auf die Bistriza zu. Die beiden Patrouillen trennten sich. Befehlsgemäß überschritt Leutnant von Kirschbaum die Bistriza südlich, ich nördlich des Ortes auf einer Holzbrücke, die die Russen in ihrer Eile zu zerstören vergessen hatten. An einem Gehöft ließ ich absitzen und schrieb eine Meldung. Ein Mann kam aus dem Haus, und als er erfuhr, dass wir Deutsche seien, lief er ins Haus zurück, kam aber sofort mit seiner Frau und erwachsenen Töchtern wieder, die uns freudestrahlend Brot reichten. Die Leute freuten sich wie Kinder mit Tränen in den Augen und wären uns am liebsten um den Hals gefallen. Für uns gab es keinen Aufenthalt, es wurde aufgesessen und weiter geritten. Ich traf wieder mit Leutnant von Kirschbaum zusammen, und bald holten uns auch die Kavallerie-Radfahrer ein. Ein Bahnübergang war von Russen besetzt, die sich aber, als die Radfahrer ausschwärmten, verrollten. Durch den Aufenthalt holte uns auch die Aufklärungseskadron ein, wir mussten uns also beeilen, wieder nach vorwärts Abstand zu gewinnen. Eine Holzbrücke war angebrannt und rauchte. Wir löschten schnell, so gut es ging, ritten seitwärts über den Bach und kamen schnell vorwärts. Im nächsten Dorf trennten wir uns. Leutnant von Kirschbaum ritt geradeaus durch den brennenden Ort weiter, ich nach

---

[1] Tysmenyzja

Norden nach Tysmienica zu. Am Eingang eines Dorfes sagte man mir, dass eine Kosakenpatrouille sich schlafend in einem Haus befinde. Ich ließ zwei Reiter absitzen, um das Haus zu durchsuchen. Als diese noch nicht die Tür erreicht hatten, sprengten die Kosaken auf der anderen Seite davon und verschwanden, ehe wir schießen konnten, hinter Hecken und Zäunen. Dann kamen wir an ein einsam an der Straße liegendes Schloss, das die Russen, wie uns der etwas deutsch sprechende Verwalter sagte, vor einer Stunde angezündet hatten und von dem jetzt prasselnd die brennenden Balken stürzten. Gegen Mittag erreichte ich Tysmienica. Dort waren gerade österreichisch-ungarische Truppen eingezogen, auf dem Bahnhof waren sie damit beschäftigt, brennende Munitionsladungen zu retten. An einem Bach tränkte ich die Pferde. Die Stadt hatte schwer gelitten, überall zeigten sich die Spuren der russischen Wut: eingetrümmerte Türen, erschossene Hunde, geplünderte Läden, jammernde Weiber, brennende Häuser. Jenseits der Stadt, wo sich die Straße eine Anhöhe hinaufzieht, überholte ich einen ungarischen Stab. Ich machte Meldung und bat um Aufklärung über die Lage, konnte aber nichts erfahren, was für mich wichtig gewesen wäre. Es begann zu regnen. Um an den mitgenommenen Haferrationen zu sparen, ließ ich die hungrigen Pferde in einem Haferfeld weiden und ritt dann durch die langsam vorrückende Infanterieschützenlinie hindurch schnell nach vorwärts. Die Straße führte bergauf und durch einen Wald. Am Waldausgang war das Dorf Nadorozna[2] vom Gegner frei. Wir ritten hindurch. Ein barfüßiger Junge kam uns nachgelaufen und sagte, dass hinter uns im Dorf eine etwa dreißig Mann starke Kosakenabteilung sei. Von meinen zehn Reitern waren zwei mit Meldungen fortgeschickt, ich hatte nur noch acht und wollte mich daher mit den Kosaken nicht einlassen. Ich zog die Spitzenreiter ein, bog südwärts über die Felder ab und näherte mich wieder in weitem Bogen dem Dorf. Am Dorfrand sah ich einige Reiter, die absa-

---

[2] Nadorozhna

ßen und sich schussfertig im Straßengraben näherten. Ich schickte einen Reiter hin, der feststellte, dass es ungarische Husaren, die Kavalleriespitze der vorrückenden Truppe, seien. Auf der Straße sah ich von einer Anzahl von Pferden herrührende Fußspuren, die sich bald nordwärts von der Straße entfernten. Die Kosaken schienen sich zwischen den Husaren und mir nicht wohlgefühlt zu haben und waren daher ausgewichen. Es regnete wieder, die Luft wurde dick, das Gelände wellig und unübersichtlich, ich kam nur langsam vorwärts. Die Spitzenreiter glaubten an einem Gehöft, das einige hundert Meter nordwärts der Straße lag, abgesessene Kavallerie gesehen zu haben. Es war aber nichts. Die Straße senkte sich, das Städtchen Tlumacz kam in Sicht. Häuser brannten, auf den jenseitigen Höhen erkannte ich Artillerie auf dem Rückzug und abziehende Fahrzeuge.

Merkwürdigerweise war am Stadteingang keine Postierung, die Straßen menschenleer, wie ausgestorben. Auf der Veranda eines vornehmen Steinhauses erschien schüchtern und zaghaft eine Dame, mehrere Damen und Herren traten, vorsichtig die Hälse reckend, hinzu. Ich rief einen Gruß hinüber. Darauf eine jubelnde Frauenstimme: "Daidsche!". Der Bann war gebrochen, ein Jubeln und Freudeweinen hub an. Auf meine Frage antwortete einer der Herren, dass die Russen soeben abgerückt seien. Überall kamen vorsichtig Leute aus den Häusern, hinter Vorhängen blickten verängstigte Frauenaugen heraus, jauchzende Kinder liefen neben uns her. Am Ostrand der Stadt stürzten brennende Holzhäuser zusammen, brennende Fässer und lodernde Möbel lagen auf der Straße, weinende Kinder liefen zwischen den Trümmern herum. Am Brunnen an der Kirche ließ ich die Pferde tränken und schickte eine Meldung fort. Dann ging es über eine halb zerstörte Eisenbahnüberführung auf stark gewundener Straße auf die östlichen Höhen. In der Abenddämmerung stießen wir auf eine sich quer über die Straße ziehende Grabenstellung. Ohne Feuer zu bekommen ritten wir ziemlich nahe heran. Bis zu den Hüften aus dem Graben herausragend glotzten uns die Russen an, ohne unterscheiden zu können, ob Freund oder Feind. An Feuerschein und Schall stellte ich die Stellung einer russischen Batterie am Rande eines Tannenwaldes fest, der sich südöstlich von uns einen Berghang hinaufzog. An weiteres Vordringen war also vorläufig nicht zu denken. Um meinen ermatteten Pferden etwas Ruhe für kommende Anstrengungen zu verschaffen, beschloss ich, für die Nacht Quartier zu beziehen und ritt zurück auf Häuser zu, an denen wir vorbei geritten waren. Dort traf ich mit einer österreichischen Kavallerieabteilung zusammen. Dem Rittmeister machte ich Meldung, und da eines meiner Pferde ein Eisen verloren hatte und ich versehentlich meinen Schmied als Meldereiter fortgeschickt hatte, bat ich ihn, dem Pferd ein Eisen aufhauen zu lassen. Der Rittmeister sagte mir, dass er die Nacht hier oben bleibe, hier konnte ich also nicht mehr unterkommen. Ich erklärte, dass ich dann in Tlumacz nächtigen wolle und bat ihn, mich bei Änderung der Lage zu unterrichten. Nahe der Stadt wurde ich von den Russen mit Schrapnells mit viel zu hohen Sprengpunkten beschossen. Ich bezog in der Stadt Quartier und schrieb eine Meldung.

In der Frühe des anderen Morgens saßen wir wieder im Sattel. Frisch ging es in den noch dunstigen Sommermorgen hinaus und es versprach, ein schöner Tag zu werden. Die Russen hatten in der Nacht die Stellung geräumt. So schnell es auf und neben der durch umgehauene Bäume und quer gespannte Drähte stellenweise gesperrten Straße möglich war, strebten wir vorwärts. Das Gelände war hügelig, unübersichtlich. Unangenehm erschienen mir besonders eigentümlich einzeln oder gruppenweise auf dem Geländerücken liegende, mehrere Meter breite und tiefe Löcher, die gute Nester für Maschinengewehre oder Infanterieabteilungen hätten bieten können. Das Dorf Jezierczani[3] war unbesetzt. Ich ritt hindurch und sah, wieder auf den Höhen angekommen, die Russen im Rückzug. Die Lage der Dörfer war weithin an

---

[3] Jezierzany, das heutige Ozeryany.

auflodernden Flammen und großen Rauchwolken brennender Häuser zu erkennen. In den Talmulden tauchten hin und wieder feindliche Kavalleriepatrouillen auf und verschwanden wieder. Meist waren sie um das mehrfache an Zahl der meinigen überlegen. Da ich gesehen hatte, was für mich von Wichtigkeit war und mich nicht unnötig einer brenzligen Lage aussetzen wollte, ritt ich nach Jezierczani zurück, schrieb eine Meldung und tränkte die Pferde, eilig und durch berittene Posten gesichert, ritt dann westlich vom Dorf hinaus auf eine nicht weit vom Dorf gelegene Höhe, stellte den Gefreiten Wolf als Beobachtungsposten oben auf die Höhe und ließ die Pferde in einer Geländemulde gedeckt in einem Haferfeld weiden.

Es dauerte nicht lange, als mich der Beobachtungsposten auf die Höhe rief. Südlich des Dorfes mit dem linken Flügel an dieses anschließend, mit dem rechten bis an einen weit im Süden befindlichen Wald reichend, ging eine dichte feindliche Schützenlinie unregelmäßig, stellenweise zu dichten Klumpen geballt, zurück. Es reizte mich, ihr Tempo durch Karabinerfeuer zu beschleunigen, hielt es aber für meine Aufgabe entsprechender, ruhig zu beobachten und mich möglichst wenig bemerkbar zu machen. Als der Gegner über den Höhenrücken, von dem aus ich vorher den Rückzug beobachtet hatte, verschwunden war, wartete ich noch eine Zeit lang, ließ aufzäumen und aufsitzen und folgte ihm der Straße durch das Dorf weiter nach.

Ich hatte jetzt nur noch sechs Reiter, vier hatte ich mit Meldungen an die Aufklärungseskadron zurückgeschickt. Bei der Schwierigkeit des Geländes musste ich daher die Patrouille zur Verhütung plötzlichen Aufpralls auf den Feind weit vorwärts und seitwärts auseinander ziehen. Es war drückend heiß, die Hitze flimmerte auf den Hügeln, der Schritt der Pferde wurde schleppend.

Die Spitzenreiter halten auf der Straße. Ich trabe vor, um zu sehen, was los ist, die Seitenreiter rücken in gleiche Höhe. Vor uns, etwa 800 Meter weit zieht sich eine Stellung mit Drahtverhau nahe dem oberen Rande eines Höhenrückens quer über die Straße nach Norden und Süden soweit ich mit dem Fernglas sehen kann. Besetzt oder nicht? Um einen etwaigen Gegner zum Schießen zu veranlassen, machen wir die üblichen Manöver. Resultatlos. Zwei Reiter reiten noch weiter vor. Nichts rührt sich. Die Stellung scheint also unbesetzt, der Gegner über sie hinaus zurückgegangen zu sein. Um besser sehen zu können, reite ich noch näher hin und suche mit dem Glas langsam die Stellung ab. Kein Lebenszeichen wahrzunehmen. Mit zwei Reitern stehe ich auf der Straße, wenige hundert Meter von der Stellung entfernt, die anderen Reiter links und rechts seitwärts der Straße. Dem Gefreiten Freund dauert die Geschichte zu lang, er ist links seitwärts bis dicht an den Drahtverhau hingeritten.

Ein unbestimmtes Gefühl stellt in mir die Frage: Wie kann ich mich wieder von der Stellung loslösen? Ich bin rechts von der Straße herunter geritten und will eben den Befehl geben, zurück zu galoppieren da kracht ein Schuss, der Gefreite Freund sinkt vom Pferd. Wir reißen die Pferde herum, ein wahnsinniges Feuer aus Maschinengewehren, hunderten von Gewehren, Kugeln pfeifen und klatschen, in gestrecktem Galopp spritzen wir zurück. Ich wende einen Augenblick den Kopf nach rechts, wo ich eben auf der Straße einen Reiter stürzen sehe, da ist es mir, als ob das Pferd unter mir verschwinde, ich rutsche vorwärts aus dem Sattel, halte aber die Zügel fest. Ehe ich recht weiß, was los ist, stehe ich neben meinem Pferd in einem der verdammten Löcher. Schnell versuche ich wieder in den Sattel zu kommen, vergeblich! Das Pferd ist so aufgeregt, dass ich Mühe habe, es kurz mit beiden Händen in der Kandare festzuhalten. Klatschend schlagen die Kugeln in den oberen Rand der feindabwärts gelegenen Seite. Es fällt mir schwer das aufgeregte Pferd, das, anscheinend hinten verwundet, sich niederlegen zu wollen scheint, dann wieder bäumen und sich losreißen will, in dem feindwärts gelegenen gedeckten Winkel zu halten. Das Feuer flaut ab, nur das Loch, in dem ich mich befinde, wird unter Feuer gehalten. Soll ich das Pferd laufen lassen und versuchen, zu Fuß wegzukommen? Einige hundert Meter über freies Feld, dann käme ich in eine sichere Talmulde. Das wäre unkavalleristisch! Mein Pferd wird sich beruhigen, ich werde aufsitzen und plötzlich und unerwartet über die gefährliche Ebene sprengen können. Das Feuer bricht ab, ich höre Stimmen, am Rand erscheinen Russen, das Gewehr im Anschlag. Das losgelassene Pferd saust fort. Mit vorgehaltenen Bajonetten kommen die Kerle auf mich zugelaufen. Gegenwehr wäre zwecklos, bevor ich die Pistole gezogen hätte, wäre ich über den Haufen geschossen. Ich werde gründlich ausgeplündert, außer den Kleidern und einem dreckigen Taschentuch verbleibt mir nichts.

Gefangen

Unter Bedrohung und rauen fremden Lauten führt man mich gegen die Stellung zu. Auch Reiter Feltermeier wird herangeführt; er sieht aus, wie ein geschundener Raubritter, ohne Kopfbedeckung, mit wirr klebenden Haaren, voller Dreck. Der Graben der Stellung ist auffallend tief, durch die Brustwehr sind Löcher gebohrt. Hinter der Stellung auf der Straße steht ein Panzermobil. Offiziere und Soldaten reden auf mich ein, ich verstehe nichts, auch einem Juden gebe ich auf sein mir verständliches "Jiddisch" keine Antwort. Durch ihn bitte ich einen der Offiziere, dass mir statt des Stahlhelms, den ich auf dem Kopf habe, meine Mütze wiedergegeben wird, mit der ein dreckiger barfüßiger Russe herumläuft. Die Mütze hatte ich zusammengelegt in meiner Meldetasche. Ich kann sie gegen den Stahlhelm eintauschen. Auf einer Zeltplane bringt man den schwer verwundeten Gefreiten Freund. Er hat einen Bauchschuss, stöhnt und jammert. Ich streiche ihm das klebrige Haar von der schweißnassen Stirn und suche ihn zu trösten. Zwei Sanitäter tragen ihn fort. Mich und Feltermeier führt man zum Regimentsstab ins Dorf hinter der Stellung. Der Kommandeur spricht etwas deutsch und reicht mir die Hand. Dreckige Gestalten drängen sich heran, aus dem Wortschwall höre ich immer "Kavallerist" heraus. Die Respektlosigkeit der Soldaten vor ihrem Führer fällt mir auf. Dem herantretenden Adjutanten weichen sie etwas aus. Der Kommandeur fordert mich auf, bei ihm an dem im Freien stehende Tisch Platz zu nehmen und bietet mir Tee und Weißbrot an. Auf letzteres verzichtete ich, obwohl ich zwei Tage nichts als trockenen "Barras" gegessen hatte. Der Hunger ist mir vergangen. Der Kommandeur unterhielt sich so gut es bei seinen deutschen Sprachkenntnissen ging, suchte mir wegen meiner Schneid Komplimente zu machen, erkundigte sich nach meinen häuslichen Verhältnissen, erzählte, dass sein Regiment von rückwärts in die zurückgehende Truppe eingeschoben sei, kam dann von so ungefähr auf militärische Angelegenheiten zu sprechen, wobei ihn natürlich unsere Division besonders interessierte. Ich begann ihn immer schlechter zu verstehen, wusste von der Division - ich erzählte, dass ich erst kürzlich dazugekommen und jetzt schon tagelang auf Patrouille sei - fast nichts, jedenfalls nichts, von dem ich annahm, dass es für ihn von Interesse sei. Endlich seufzt er tief und ruft verärgert etwas zum Fenster hinein, wo ich einen Schreiber bemerke. Zwei Posten erscheinen mit aufgepflanzten Spießen[4], diese bringen uns weiter.

Mir brummte der Kopf, wirr gingen mir die Gedanken durcheinander, es war mir nicht möglich, klar zu denken, dumpf brütend schritt ich mit Faltermeier zwischen den Posten dahin. Die Worte Faltermeiers: "Jetzt kann der Krieg ball gar werren, Herr Wachtmoaster" brachten mich wieder zur Besinnung. In einem größeren Ort wurden wir vom Divisionsstab an den Korpsstab weiter geschickt. Überall, wo wir durchkamen, zündeten russische Soldaten in den Dörfern die Häuser an und schleppten geraubte Gegenstände davon. Es war dunkel, als wir beim Korpsstab ankamen. Freundlich empfing mich der Adjutant und

---

[4] auf das Gewehr aufgepflanzte Bajonette

bot mir Tee und Weißbrot an. Auch hier wurde wie überall, wo wir durchkamen, zum Rückzug gepackt. In einem Schreibraum wiederholte sich das Ausfragetheater wie beim Regimentsstab. Nach einer Weile brüllte mich der Ausfrager, offenbar ein Hauptmann, verärgert an: "Sie wissen alles, aber sie sagen nichts", ein Klingelzeichen, zwei Posten erschienen. Sie führten mich an eine Scheune, vor der Soldaten um ein Feuer lagen, Faltermeier war auch dort. Ich setzte mich neben ihn und nickte übermüdet ein. In der Nacht wurde ich wach, ein vom Feuer aufgesprühter Funken hatte mir ein Loch in die Mütze gebrannt. Morgens tranken wir mit den Russen Tee. Ein deutscher Flieger flog nicht allzu hoch über den Ort, die Russen schossen wie wild danach, hantierten dabei so ungeschickt und unvorsichtig mit den Gewehren, dass ich mich wunderte. Die Posten führten uns wieder an das Haus, in dem der Stab lag, der aber inzwischen ausgerückt war. Zu den Posten kam noch ein berittener Kosak, der sich zu ärgern schien, als eine gründliche Leibesvisitation völlig ergebnislos verlief. Weiter ging es. Mit klingendem Spiel und roten Fahnen fluteten die Haufen zurück. Ein tief eingeschnittenes Flusstal mit Steilhängen, staubige Straßen, auf einem Bahngleis eine Unmenge Güterwagen und heulende Lokomotiven, die sich so verrammelt haben, dass sie weder vor noch rückwärts können. Immer weiter geht's. Die Füße schmerzen entsetzlich in den schweren Reitstiefeln, die Sohlen brennen bei jedem Schritt. In einem Dorf sehe ich am Abend den Korpsadjutant in einem unbespannten Kutschwagen. Ich sage ihm, dass ich Hunger habe. An der in der Nähe stehenden Feldküche gibt er mir auf ein Kohlblatt irgendeine körnige zähe Masse; lieblich „Kascha" genannt, aus Buchweizen bereitet, auf Jahre hinaus solltest du meine Hauptnahrung sein!

Ich hielt den umfangreichen Klumpen in der linken Hand, mit unseren dreckigen Fingern bröckelten wir Stücke ab und schoben sie in den Mund. Als der Klumpen alle war, waren Faltermeier und ich gesättigt. Wir nächtigten mit anderen Kriegsgefangenen, alles Österreicher und Ungarn, nur ein preußischer Husar dabei, stark bewacht im Freien. Als es hell wurde, bekam jeder einen an der Sonne getrockneten rohen Fisch und einige Brocken steinharten, dunkelbraunen Zwieback und schnell ging's weiter. Den ganzen Tag in brennender Sonne ohne Aufenthalt, über Nacht in eine von Posten umstellte Scheune gesperrt. Am Morgen wieder den Fisch und den Zwieback, wieder den ganz den Tag unterwegs. Ich war hundemüde und schleppte mich nur mühsam mit. In der Nacht kamen wir in Czernowitz an. Die Kolonne hielt, ich sank völlig erschöpft auf's Pflaster. Fußtritte brachten mich wieder hoch. Wir nächtigten in einem Schulhaus.

Von Czernowitz nach Pensa

Ich hatte, trotzdem ich vollständig von Wanzen zerstochen war, auf der harten Pritsche wie ein Toter geschlafen. Wir wurden in eine Kaserne geführt, dort die Namen verlesen. Auf der anderen Seite des Kasernenhofes stand eine größere Kolonne Kriegsgefangener, Österreicher und Ungarn, nur wenige Deutsche dazwischen. Ein deutscher Infanterieleutnant kam zu mir herüber, stellte sich als Dr. Liebmann vor und sagte, ich solle zu ihnen hinüberkommen, was ich auch mit Faltermeier tat, als wir uns unbeobachtet sahen. Außer Leutnant Liebmann war noch Oberleutnant Grahn dort und einige österreichische Herren. Man führte uns in ein Gebäude und setzte uns einen Kübel Kaschasuppe vor. Wir setzten uns drumherum und löffelten mit von russischen Soldaten gepumpten Holzlöffeln. Dann wurden wir abgezählt. Es waren etwa 200 Gefangene. In geschlossenen Kolonnen wurden wir, wie immer, von einer Anzahl Posten (Konwois) bewacht und durch die Stadt geführt. Frauen und Mädchen standen auf den Bürgersteigen, liefen manchmal ein Stück weit mit und steckten uns, oft von den Konvois (Posten) zurückgestoßen, russisches Kleingeld, Papierscheine von Briefmarkengröße zu. Könnte man sich jetzt irgendwohin verdrücken! In zwei oder drei Tagen werden unsere

Truppen in Czernowitz sein. Liebmann hat Feldpostkarten bei sich. Er gibt mir zwei davon auf, die ich schreibe, dass ich gefangen sei und die ich zwei verschiedenen Frauen unbemerkt zureiche mit der Bitte, sie an unsere Truppen abzugeben. Eine davon kam zu Hause an.

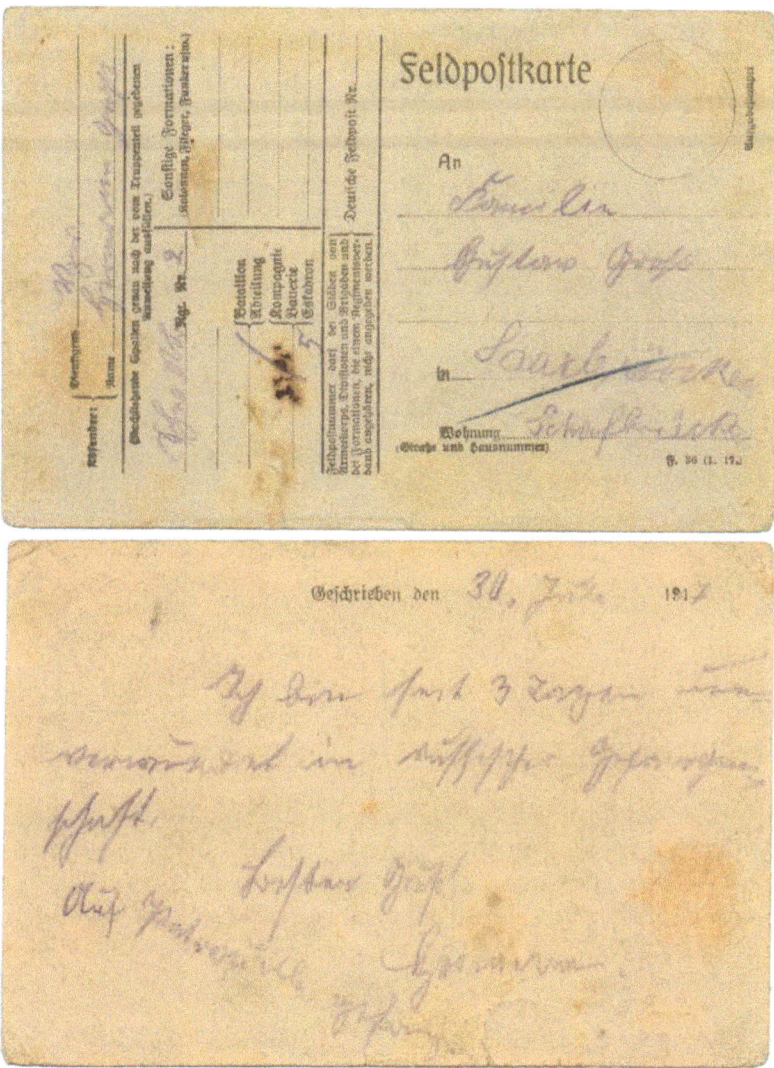

Feldpostkarte aus Czernowitz, geschrieben am 30. Juli 1917: „Ich bin seit 3 Tagen unverwundet in russischer Gefangenschaft. Auf Patrouille gefangen. Bester Gruß! Hermann".

Wir kommen über die Pruthbrücke. Die Konvois treiben zur Eile. Wagenkolonnen, teilweise mit Möbeln und Hausgerät beladen, berittene Truppen, Tscherkessen und Kosaken überholen uns. Hitze und Staub, Kosaken hauen mit ihren Nagaikas[5] in unsere Kolonne, wir nächtigen frierend im Freien und kommen am nächsten Abend nach Kamenez-Podolsk. Früh weiter zwischen Maisfeldern hin. Zu essen bekommen wir nichts. Wir reißen unreife Maiskolben ab und knappern die weichen Körner davon. In Mohilew werden die Mannschaften von uns getrennt, Grahn, Liebmann, ich mit Faltermeier und drei österreichische Herren werden besonders bewacht in einer Scheune untergebracht. Ein Praportschik (eine Art Reserveleutnant) begrüßt uns freundlich in der neben der Scheune gelegenen Schreibstube und nimmt unsere Personalien auf. Besondere Freude scheint er an uns Deutschen - seltenere Kriegsbeute - zu haben. Jeder bekommt ein paar Rubel. Eine in der Nähe wohnende Jüdin, mit der der bei uns befindliche jüdische Fähnrich sich angebiedert hat, geht für uns einkaufen. Ich lasse mir als ersten Gebrauchsgegenstand einen Holzlöffel für 6 Kopeken mitbringen. Am nächsten Tag führt uns unser Konvoi zum Baden an den Dnjester. Grahn fällt beim Ausziehen seine Unterhose in Fetzen auseinander. Wir haben unsere Not, die Stiefel von den geschwollenen wunden Füßen zu bekommen und fangen um die Wette Läuse. Das Wasser ist sehr warm. Es führt hier eine neue Holzbrücke über den Fluss, auf der ein reger Truppenverkehr stattfindet, alles von Süden her aus Rumänien. Am Abend hatte die Jüdin uns Essen gekocht. Wir sitzen, vom Bade erfrischt, gesättigt auf einem Baumstamm vor der Scheune, haben uns mit unserem Schicksal abgefunden und singen deutsche Volkslieder. Am nächsten Tag wird mit den anderen Mannschaften - jeder von uns hatte einen bei sich behalten dürfen - auch Faltermeier von uns entfernt. Ich sah ihn nicht mehr.

Grahns Stiefel ist vollkommen zerrissen. Er hat ihn zum Flicken an einen russischen Schuster gegeben.

---

[5] Peitschen

Als der Stiefel zurückkommt, ist er zu eng. Grahn kommt nicht mehr hinein. Abends geht's plötzlich weiter. Grahn hat an einem Fuß einen Stiefel, am anderen einen zerrissenen Pantoffel. Den zu engen Stiefel trägt er an einem Stock über die Schulter gehängt. Er ist trotzdem immer guter Laune, die ihn auch später selten verlassen hat. Gegen Abend kauft der etwas rumänisch sprechende Fähnrich von einer Bäuerin mit dem Rest unseres Geldes einen warmen Hirsekuchen, Marmaliga genannt, den wir mit einem Faden zerteilen. Die Nacht verbringen wir zwischen Gesindel in einem zugeschlossenen Maschinenschuppen. Unser Konvoi, ein widerlicher jüdischer Gauner, behandelt uns sehr ruppig, scheinbar will er geschmiert sein. Mit ihm geht der Fähnrich am Morgen mit neu gefasstem Geld einkaufen, Brot und Speck. Weiter geht's, eine Strecke weit auf einem Bauernwagen, dann zu Fuß. Wir übernachteten in einem Gefängnis eingeschlossen. In Winniza führt man uns in eine Kaserne. Unsere ohnehin nicht wenigen Läuse bekommen mächtig Zuwachs auf der Pritsche. Ein Konvoi erscheint mit einem deutschen Leutnant. Der sieht wüst aus, schmeißt, ohne sich vorzustellen, seinen blechernen Teekessel (Tschainik) auf die Pritsche und flucht mörderisch. Er zieht Dantes "Göttliche Komödie" und eine Pfeife, dazu ein Päckchen gehackte Stengel von russischem Bauerntabak (Machorka) aus der Tasche, erzählt, dass er das Zeug in einem Haus, wo er untergebracht war, "gefunden" habe, raucht und spuckt. Respekt! Der scheint die Lage erfasst zu haben. Noch ein deutscher Leutnant wird hereingebracht, hager, blutjung, mit tadellosen Umgangsformen. Frentz hieß er. Wir ließen ihn später krank in Pensa zurück.

Wir kommen mit anderen Gefangenen zusammen, werden, wie es scheint, zum Schauspiel für die Bevölkerung längere Zeit durch den Ort geführt und fahren mit der Bahn nach Kiew, in Personenwagen IV. Klasse. Durch Aufklappen von Brettern können in jedem Abteil gleichzeitig sieben Mann liegen. Die Fahrt ist daher angenehm.

Jenseits des Dnjester glänzen in der Morgensonne blendend weiße Häuser, Zwiebelkuppeln von Kirchen funkeln golden vor blauem Himmel. Es ist Kiew. Über den Fluss fährt der Zug und hält in einem Föhrenwald. Dort ist das Gefangenenlager Darinka[6], übel beleumdet bei allen, die je dort waren. Die Holzbaracken sind so voller Flöhe, dass nachts an Schlaf nicht zu denken ist. Stroh, Decken oder ähnliches gibt's nicht, wir schlafen auf dem blanken Boden. Grahn fängt in einer Nacht über 50 Flöhe. Ich gehe, da ich vor Jucken doch nicht schlafen kann, im Mondschein immer um die Baracke herum, lege mich erst morgens hin. Die Flöhe sind jetzt satt und ruhig.

Die Offiziere bekommen täglich nur einen halben Rubel, reichend für ein Mittagessen und ein Stück Brot, die Mannschaften Kaschasuppe mit zerkochten Fischen und ein Stück Brot. Ich bin bei den Offizieren, bin aber nicht Offizier, auch nicht Mann und bekomme daher nichts. Die Tage, die wir dort waren, habe ich schwer gehungert. Manchmal gelang es mir, etwas Suppe zu erwischen, Leutnant Schöneborn gab mir, da er irgendwoher Geld hatte, jeden Morgen ein Stück Brot. Im Lager wird von tschechischen Überläufern und "Franzosen" (Elsass-Lothringer) eine schamlose Propaganda getrieben. Sie ziehen mit Musik und Fahnen im Lager herum und halten Agitationsreden. Durch Versprechen und Pressen werben sie unter den Gefangenen für eine "Tschechische Armee". Gefangene mit tschechischen oder französisch klingenden Namen werden abgeholt, beredet, erpresst, tagelang eingesperrt. Es laufen dann auch schließlich einige der mit uns gekommenen Österreicher in tschechischen Uniformen herum. Sie werden ausgezeichnet verpflegt und behandelt. Wir beneiden sie nicht.

Auf der tschechischen Lagerkanzlei werden unsere Personalien aufgenommen. Hinter "Dienstgrad" schreibe ich "Offiziersaspirant". Es entspinnt sich

---

[6] vermutlich Darnica

eine Auseinandersetzung, ob Soldat oder Offizier. Schließlich werde ich auf die Offiziersliste gesetzt. Wir werden nochmals einer Visitation unterzogen, Taschenmesser, Uhren und andere "Luxusgegenstände" abgenommen, aufgefordert, die Kokarden von den Mützen abzuliefern. Wir zeigen uns widerspenstig und erreichen dadurch, dass man nicht weiter auf Ablieferung drängt. Einigen werden die Kokarden abgenommen, die anderen stecken sie in die Tasche. Es wird Geld ausbezahlt, heute sollen wir weiterfahren. In der Kantine (Lawka) kaufe ich mir ein Pfund Wurst und esse es gleich restlos auf. Viehwagen stehen auf dem Bahngleis, die Mannschaften sind schon eingestiegen, die etwa dreißig Offiziere stehen vor dem Wagen und sollen hinein. Wir erklären, dass in Deutschland gefangene Offiziere in Personenwagen fahren und dass auch wir nur in Personenwagen fahren wollen. Wir weigern uns einzusteigen. Tschechen erscheinen, Wortwechsel, Kolbenstöße, Drohen mit Erschießen. Wutschnaubend müssen wir hinein. Mehrere Stunden Warten, umständliche Zählung, der Zug fährt ab. Den Aufenthalt hatten wir benutzt, um Bretter in einem benachbarten Zug zu holen und in zwei Etagen auf der Vorder- und Rückseite durch den Wagen zu legen. Auf diesen liegen wir zusammengepfercht. Ein paar Tage Bahnfahrt: Kursk – Orel – Tula – Pensa.

In Pensa lagen wir etwa eine Woche in Holzbaracken im Durchgangslager. Wir schliefen auf festen, durch die ganze Baracke in zwei Etagen übereinander gebauten Holzpritschen. Decken, Strohsäcke, Essgeschirre, wie sie die Kriegsgefangenen in Deutschland bekamen, gab es in Russland nicht. Die Baracke ist ganz aus Balken und Brettern gebaut mit festen, durchlaufenden Pritschen; bis zur Höhe der niedrigen, direkt unter dem Dach angebrachten Fenster steckt sie in der Erde. Das Bretterdach ist fußhoch mit Erde bedeckt. An den Schmalseiten befinden je zwei aus Backsteinen und Lehm gemauerte große Öfen für Holzheizung.

Das Ganze nennt sich "Polusemeljanka", Halberdhütte, ist ebenso primitiv wie praktisch, gleich gut gegen Hitze und Kälte. Wenn es ein paar Tage hintereinander stark regnet, tropft und rieselt es von der Decke. Das macht aber nichts: "nitschewo" sagt der Russe und winkt aequo animo ab. Du magst kommen von der Weichsel bis zum Amur, vom Eismeer bis zum Turkestan: Die Polusemeljanka ist sich überall gleich.

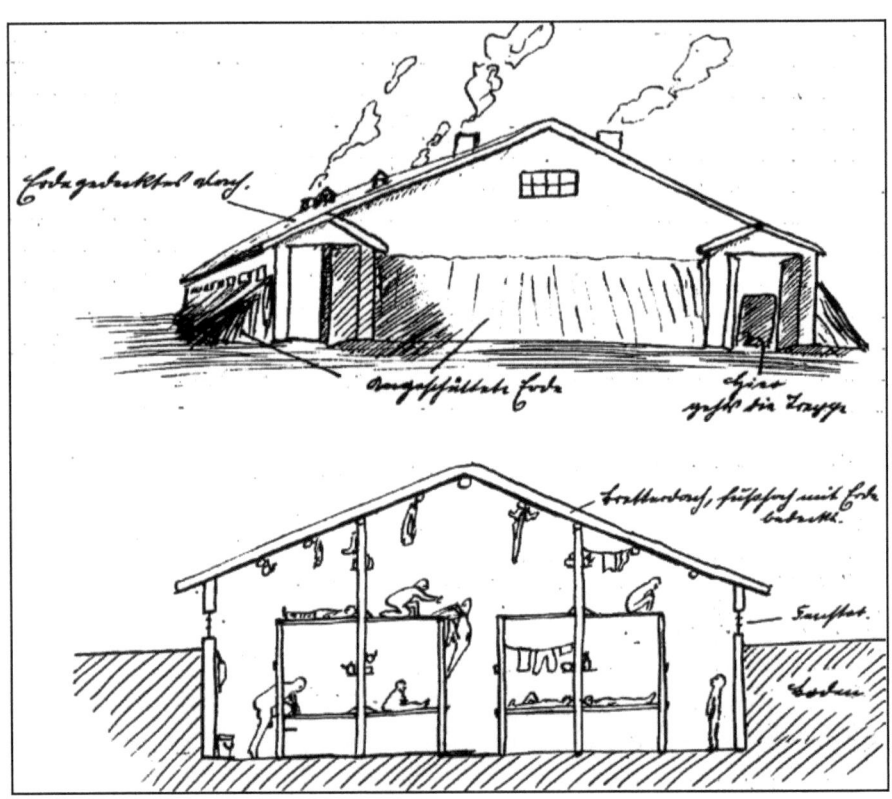

Skizze einer Polusemeljanka. Beschriftung oben: „Erdegedecktes Dach", „Angeschüttete Erde". Beschriftung unten: „Bretterdach, fußhoch mit Erde bedeckt", „Fenster", „Boden".

Hier in Pensa kam ein österreichischer Hauptmann zu uns. Er war aus Sibirien geflohen, unterwegs wieder geschnappt worden und hatte eine Zeit lang in Gefängnissen gesessen. Er war ein "alter Plenni"[7] uns Anfängern gegenüber. Aus seinen Erfahrungen lernten wir manches. Eines Morgens war er spurlos verschwunden.

Es schwirrten, halb geglaubt, halb nicht geglaubt, die mannigfachsten Gerüchte. Einmal hieß es, wir sollten nach Sibirien, dann wieder nach Turkestan, oder auf englische Handelsschiffe zur Verhütung ihrer Versenkung durch deutsche U-Boote. Bei dem nasskalten Wetter und schlechter Ernährung stellten sich Krankheiten, besonders Ruhr, ein. Von einem Russisch sprechenden österreichischen Feldwebel, der in der Stadt einkaufen ging, ließ ich mir eine Pfeife und Machorka, auch ein Taschenmesser mit Blechklinge mitbringen. Von den schwedischen Vertretern des Roten Kreuzes bekamen wir Mäntel, Fußlappen, etwas Wäsche und Geld. Aus einem doppelten Fußlappen nähte ich mir ein Säckchen für meine Sachen, kaufte mir von einem älteren Plenni einen Essnapf und einen aus Konservenbüchsen hergestellten Trinkbecher. Eines Abends hieß es: Morgen fahren wir nach Sibirien.

Von Pensa nach Chabarowsk

Es wurden neue Listen aufgestellt, die Namen verlesen. Am 6. September ging's zur Bahn. Zu je 24 wurden wir in Viehwagen verladen. Der Zug rollt ab. Auf einer Seite dürfen die Schiebetüren offen bleiben. Wir legen Bretter quer davor, wer nicht schläft, setzt sich darauf und sieht sich die Gegend an. Es ist ein Offizierstransport, überwiegend Ungarn, von denen die meisten Fähnriche, auffallend viele jüdischen Typs. Man hört fast nur Ungarisch. Wir Deutsche sind in einem Wagen zusammen, einige in einem anderen. Bei uns ist Oberleutnant Grahn, Leutnant Dr. Liebmann, Schöneborn, Fritz, Bock, Grein und andere. Bei Sysran fahren wir über die große Wolgabrücke. Türen und Fensterklappen müssen

---

[7] Plenni: russischer Begriff für Kriegsgefangene

geschlossen werden, durch einen vorsichtig geöffneten Schlitz sehen wir den breiten Wolgastrom mit Flößen und Dampfern - Samara - Ufa. Große Viehherden, Rinder, Pferde, Kamele. Das Gelände wird breitwellig, die Bahn steigt an. Wir steigen allmählich den Ural hinauf. Neben der Bahn blüht gelber Alpenmohn.

Auf der Höhe auf der rechten Seite der Bahn ein großer Stein. Auf der einen Seite steht "Europa" auf der anderen "Asia".

Die Bahn senkt sich bis Tscheljabinsk. Dann wird es eben. Prächtiges Herbstwetter, ausgedehnte Getreidefelder, Viehherden, weiß und leuchtend goldgelb stehen einzelne Birkengruppen. In Petropawlowsk wird der Zug vor ein Lazarett geschoben, wir müssen aus den Wagen, Zählung, ein Arzt geht vorbei und fragt, ob jemand krank sei. Das ist die "ärztliche Untersuchung". Am Abend fiedeln die Ungarn und führen Nationaltänze vor den Wagen auf der Bretterrampe auf, die Konvois stehen mit ihren Spießen grinsend drumherum. Wie immer, wenn es über einen Fluss geht, in festverschlossenen Wagen geht es über den Irtisch nach Omsk-Krasnojarsk. In den Nächten war es bitter kalt, wir hatten gefroren. Hier halten wir zwei oder drei Tage auf einem Nebengleis. In jeden Wagen (Tepluschka) wird ein kleines eisernes Öfchen gestellt und ein Ofenrohr durch das Dach der Tepluschka gesteckt. Auch Holz dürfen wir uns hereintragen. Kohlen werden von den nebenanstehenden Güterwagen geklaut. Auf dem anderen Ufer des Jenissei steile Berge mit hohen roten Felsen, von denen Krasnojarsk seinen Namen hat. Auf der Eisenbahnbrücke über den Jenissei nach Nischni Udinsk. Im Süden die mächtigen Erhebungen des Sajanischen Gebirges. Jenseits der Angara, mit weißen Häusern und goldenen Kuppeln breit hingelagert, Irkutsk.

Die "Tepluschka". Viele Wochen habe ich in ihr zugebracht, Freud und Leid in ihr erduldet, sie ist mir lieb und verhasst zugleich geworden. Sie unterscheidet sich wenig von dem gewöhnlichen Viehwagen der deutschen Reichsbahn. Innen zu beiden Seiten liegen in zwei Etagen übereinander Bretter, in der Mitte kann ein Öfchen aufgestellt werden. Das Ganze sieht dann so aus:

Tagsüber saßen wir auf quer vor die Türöffnung gelegten Brettern, hockten skatdreschend auf der oberen Pritsche oder lagen schlafend herum. Gegen Abend wurde das Öfchen in Brand gesetzt, der Konvoi unseres Wagens brachte uns eine Kerze, die angezündet und in die Laterne gesteckt wurde. Wir zündeten die Pfeife mit Machorka an, erzählten uns Geschichten und Witze und sangen Volkslieder. Unser Konvoi mit seinem Spieß hockte vergnügt grinsend dabei. Es war ein kleiner gemütlicher Kerl mit in den Knien weichem Gang. Wir nannten ihn deshalb "Knickebein". Wir boten ihm von dem wie Vogelfutter aussehenden Machorka an, er rollte sich bedächtig mit Zeitungspapier Zigaretten, und wir eigneten uns durch ihn die ersten Brocken unserer russischen Sprachkenntnisse an.

Wenn der Zug hielt, rannten wir mit unseren Teekannen zum "Kipjatok", Bretterhäuschen, in denen es stets Wasser zur Teebereitung gab. Ein Kipjatok ist auf jeder russischen Bahnstation. Ebenso gibt es dort offene Verkaufsstände, an denen wir kauften, was wir zum Essen brauchten: Brot, Wurst, gekochtes

Fleisch, gekochte Eier, eine Art Pfannkuchen, "Palatschinki" genannt, Milch, Wassermelonen, gekochte Hühner. Täglich bekamen wir eineinhalb Rubel Verpflegungsgeld. Damit kam man damals aus.

An einem Mondscheinabend hielt der Zug auf einer Station. Ich gehe aus der Tepluschka. Ein großes Gewässer glänzt im Mondschein: Der Baikalsee. Die Station heißt Baikal. Ringsum steile Felsberge. Der Zug fährt durch eine Unzahl von Tunnels. Es geht am Südufer des Sees entlang. Trotz der Kühle des Herbstmorgens schieben wir die Tür zurück. Weit nach Norden, soweit der Blick reicht, dehnt sich das dunkle aber klare Wasser des gewaltigen Binnensees zwischen den schroffen aus den Wassern steigenden Felsen. Der See ist die größte Vertiefung des Kontinents, über 1500 Meter tief. Sein Spiegel liegt 462 Meter über dem Meere, sein Grund reicht demnach über einen Kilometer unter den Meeresspiegel. Die eingeborenen Mongolen nennen ihn Dalai-Nor, den Heiligen See. Häufig treten hier kleine Erdbeben auf. Durch das Einsinken der Erdrinde infolge der Verwerfungen der Erdbeben ist im Laufe langer Zeiträume dieser 3500 Quadratmeter große, tiefe See entstanden. Im See lebt eine Robbenart, die sonst nirgendwo auf der Erde vorkommt. Ebenso hat er nur ihm eigentümliche Krebse und Fischarten. Sogar ein Tiefwasserfisch lebt hier, nur in Tiefen von über 600 Metern. Die Burjäten, die um den See herum wohnen, treiben Fischfang und machen im Frühjahr auf dem Eis Jagd auf die Robben. Felsblöcke sieht man tief im klaren Wasser liegen, auf dem farbige Reflexe der Morgensonne spielen. Eine Nacht, einen Tag und wieder eine Nacht fährt der Zug am Ufer entlang, durch Tunnels, über etwa 200 Brücken. Streckenweise ist der Bahnkörper aus Beton in das Wasser gebaut, sich an der anderen Seite an die schroffen Felsen lehnend. Vor dem Bau dieser 250 Kilometer langen Uferstrecke besorgte im Sommer eine als Eisbrecher gebaute große Fähre die Beförderung der Eisenbahnzüge auf das jenseitige Ufer. Im Winter wurden die Bahngleise einfach auf das Eis gelegt und die Züge fuhren über den See.

Am Südostufer die Station Myssowaja. Am Delta der Selenga biegt die Bahn vom See ab und fährt im Tal der Selenga flussaufwärts. Urwald bedeckt das Land mit sibirischen Zedern, Edeltannen und sibirischen Tannen, deren dichte Äste so kurz sind, dass der Baum einer spitz zulaufenden Säule gleicht. Stellenweise stehen Birken, wo es nass ist, Pappeln und Erlen. Seitwärts der Bahn ist der Wald meist niedergebrannt, verkohlte Stämme ragen hoch über den Boden. Das Holz hat hier keinen Wert, die Gegend ist wenig bevölkert, man lässt daher brennen, was brennt. Aus dem verkohlten Boden sprießt eine üppige Vegetation von Weidenröschen, Orchideen, Lilien, Himbeeren und so weiter. Das Land Transbaikalien ist dünn von mongolischen Burjäten und Tungusen bevölkert. Es ist eines der verrufensten sibirischen Verbannungsgebiete, aber reich an Gold, Mineralien und Edelsteinen. Ein burjätischer Reiter, im Schafspelzrock und steifer spitzer Mütze in malerischem Aufputz auf zottigem Pferdchen, versucht, mit dem Zug um die Wette zu reiten. In Transbaikalien sind die Winter außerordentlich kalt, Flüsse und Seen frieren oft bis auf den Grund zu und der Boden bleibt trotz der warmen Sommer unter einer dünnen aufgetauten Schicht immer gefroren. Von Werchne Udinsk besteht Verbindung mit der nach Süden über Kiachta und Urga nach Peking führenden großen Karawanenstraße. Jenseits des im Süden sichtbaren Gebirges dehnt sich die weite Mongolei mit der Sandwüste Gobi. Die Bahn steigt allmählich im Tale eines Nebenflusses der Selenga auf das Jablonoi-Gebirge. Die Berge sind breit und wellenförmig. Auf dem ewig gefrorenen Untergrund wachsen nur dünne, niedrige Kiefern. Hier ist die Wasserscheide zwischen dem Eismeer und dem Stillen Ozean, auf der westlichen Seite nach der Selenga, dem Jenissei und der Lena, auf der anderen nach dem Amur. Die Bahn senkt sich rasch in flaches, wellenförmiges Grasland. Vereinzelt sieht man bebautes Land. Wir fahren durch Tschita, die Hauptstadt Transbaikaliens.

In Mandschurija, der ersten chinesischen Station, haben wir einige Stunden Aufenthalt. Auf dem Bahnhof ein Gewimmel von Chinesen und Russen. Unsere Konvois sind außer Rand und Band, denn hier gibt es den in ganz Russland während des Krieges streng verbotenen Wutki (Schnaps). Einer handelt mit einem Chinesen um Zigaretten, ein anderer hat einen Chinamann am Zopf gefaßt und wirbelt ihn im Kreis herum, während ein Dritter eine Handvoll Zigarettenpäckchen aus dem Handelskasten klaut. Auch unser Transportführer, der "Praportschik", ist guter Laune. Er erlaubt uns, gruppenweise mit einem Konvoi in die Stadt zu gehen. Zu sechst gehen wir fort. An einer Ecke beschwätzen wir den Konvoi, geben ihm Zigaretten und versprechen ihm Wutki. Als wir uns so mit ihm befreundet haben, gehen wir zu je zwei auseinander und lassen ihn einfach stehen. In an einer Seite offenen Bretterhäusern bieten Chinesen ihre Waren an: Erdnüsse, Tabak, Erbsen, Bohnen, Essgeschirre, getrocknete Fische, Pantoffeln, Nudeln, Nüsse, überhaupt alles, was das Herz sich wünscht. Mit ihren kleinen Köpfen, deren Hinterschädel über dem starren schwarzen Zopf ein rundes schwarzseidenes Mönchskäppchen deckt, die stets munteren klugen Schlitzäuglein in dem glatten Gesicht mit der breiten Nase, stehen sie bei ihren Herrlichkeiten und winken den Plenni heran. Unser Plennirussisch tut schon, trotz seiner Dürftigkeit, gute Dienste. Von ihrem eigentümlichen Gelalle verstehen wir natürlich keine Silbe. Es entwickelt sich aber ein reger Handel. Neben Lebensmitteln erstehe ich mir ein Pfund mandschurischen Blättertabak, baumwollene blaue Socken, Taschentücher und chinesische Strohpantoffeln. Dann geht es auf den Markt mit seinen Verkaufsständen und buntem Hin und Her. Ich erstehe mir noch ein Stück wohlriechende Seife. Andere Plennis unseres Transportes sind emsig am Handeln und feilschen mit den Chinesen um jede Kopeke. Saubere chinesische Damen trippeln mit ihren zierlichen Füßchen auf Stöckelschuhen herum. Eine hat ihr Kindchen mit einem Tuch auf den Rücken gebunden. In engen schwarzseidenen Mänteln schreiten schmächtige, glatte Gestalten wohlhabender mongolischer Kaufleute daher, träumerische Augen mit sanftem Blick. Sie scheinen sich den rohen Russen gegenüber geistig überlegen zu fühlen.

Unser Konvoi hat uns geduldig an seiner Ecke erwartet und freut sich, dass wir so schön zusammen wieder ankommen. Mit seinem Spieß trottelt er hinter uns her zum Bahnhof.

Originalbeschriftung zu diesen beiden Fotos: „Chinesische Gaukler auf dem Bahnhof Charbin" und „Auf Beutesuche". Weitere Angaben fehlen.

Wir haben die mandschurische Grenze überschritten und sind in China, dem Reich des Himmels. Kahle graswachsene Steppe mit ganz flachen breiten Hügeln, kein Baum, kein Strauch, keine Hütte, nichts als der Schienenstrang mit seinen in bestimmten Abständen stehenden Kosakenwachstationen auf der gelbbraunen trostlosen Ebene. Nur die Bahnstrecke mit einem schmalen Streifen Landes zu beiden Seiten ist Eigentum des russischen Staates, gleichsam ein dünner Faden europäischer Kultur. Dieses Steppengebiet ist die nördliche Fortsetzung der Wüste Gobi, das Hochland Kulunbuir. Sanfte, mit einer dürren braunen Grasdecke bedeckte Landrücken tauchen auf und stehen mit scharf begrenzter Silhouette vor dem lichtblauen Himmel. Langgestreckte flache Höhenzüge. Wir fahren über den sich schmal von Süden nach Norden ziehenden Bergrücken des Großen Chingan. Die Bahn steigt allmählich auf den Kamm hinauf. Hier stehen niedrige, schwache Birken. Wir fahren durch einen langen Tunnel. Im Gegensatz zur Westseite fällt der Osthang des Gebirges steil ab. In den steil eingeschnittenen Tälern zwischen den Birken niedrige Eichen und Bäumchen mit rotem Laub, die ich nicht kenne. Die Bahn macht wegen des starken Gefälles unten im Tal eine weite Schleife und fährt wieder unter dem Bahndamm durch. Wieder die öde braune Steppe, die kahlen breiten Hügel. Nichts als der Schienenstrang, begleitet von weit auseinanderstehenden Telegrafenstangen mit vielen Drähten, Kosakenstationen. Wir fahren an der Nordgrenze der Mongolei entlang. Abends kommen wir durch Charbin. Zwei oder drei Tage fahren wir durch ein schönes, wild zerrissenes Gebirge mit Wald. Sein schöner Name ist "Tschang-kwan-tsai-lin". Auf einer größeren Station sollen wir mehrere Stunden Aufenthalt haben. Der Praportschik erlaubt uns, in den Ort zu gehen zum Einkaufen. In chinesischen Kaufläden besorgen wir uns Lebensmittel. Einzelne, die viel Geld haben, kaufen schön bemalte Lackteedosen, Opiumpfeifen, aus Mammutelfenbein geschnitzte Figuren. Vor einem Wellblechschuppen sitzen eine Anzahl Chinesen und rauchen zufrieden lächelnd aus Pfeifen mit dünnem geradem Rohr und kleinem Metallkopf. Verschiedene haben kleine quäkende Chinesenkinder auf den nach Türkenart übereinander geschlagenen Beinen sitzen. Wir hören unsere Lokomotive pfeifen und eilen zur Bahn. Aufgeregt rennt der Praportschik hin und her. Ich springe in den schon fahrenden Zug.

Auf den Feldern sieht man Ochsenwagen schwerfällig und langsam fahren. Ihre zwei großen Räder sind massive Holzscheiben oder Balkenreifen mit zwei über Kreuz stehenden Balken als Speichen. In der Abenddämmerung sehen die langsam rollenden Kreuze sonderbar aus, so, als ob die Räder selbst viereckig wären. Kleine, meist baufällige Lehmhütten sind die Wohnungen der chinesischen Bauern. Sie liegen einzeln zwischen den Feldern oder dicht zusammengedrängt und von hohen dichten Holzzäunen umgeben. Die Felder sind jetzt, Ende September, abgeerntet. Abends sieht man weithin das hohe, dürre Steppengras brennen.

Die Grenzstation mit ihrem buntbemalten, auf einer Terrasse liegenden Bahnhofsgebäude heißt Pogranitschnaja, die "auf der Grenze Liegende". Es geht aus China heraus in die russische ostsibirische Provinz Primoskaja, "die am Meere Liegende". In Nikolsk Ussurisk, von wo es noch knapp 100 km bis Wladiwostok sind, zweigen wir nordwärts auf die Ussuribahn ab. Durch eine fruchtbare Ebene mit schönen Wäldern und einer jetzt allerdings verdorrt dastehenden üppigen Vegetation fährt unser Zug. Im Osten sieht man die Randgebirge am Japanischen Meer, im Westen jenseits des Ussuri Höhenzüge auf chinesischem Boden. Das Land ist bewohnt von Koreanern, Tungusen, Ussurikosaken und Chinesen. Bei Einbruch der Abenddämmerung kommen wir in Chabarowsk an. Wir haben eine vier Wochen lange abwechslungsreiche, interessante und angenehme Bahnfahrt hinter uns. Etwa 7000 km haben wir an einem Streifen in der Tepluschka zurückgelegt. Es tut uns leid, dass wir nun heraus müssen.

In Chabarowsk

Es ist inzwischen dunkel geworden. Von der Stadt sehen wir infolgedessen nichts. Mein "Gepäck", das Säckchen mit der bescheidenen Habe, trage ich unterm Arm, wir stolpern etwa eine halbe Stunde lang über die holprige ungepflasterte Straße. Man führt uns in eine mit hohem Bretterzaun umgebene rote Backsteinkaserne. Knickebein verabschiedet sich von uns, den Freunden aus seiner Tepluschka. Die Inneneinrichtung in der Kaserne ist die gleiche wie in der Semeljanka, zweietagige Holzpritschen. Wir Deutsche quartieren uns in einer Ecke ein, wo schon andere Deutsche liegen. Hier sollen wir nur ein paar Tage bleiben, um dann in das deutsche Lager zu kommen. Wir befinden uns im ersten Stock der Kaserne. Bei Tag sieht man durch das Fenster den Zusammenfluss des Ussuri mit dem mächtigen Amur, jenseits auf chinesischem Gebiet lange Gebirgszüge. Ein Hauptmann aus dem deutschen Lager besucht uns, bringt uns darlehensweise aus der Lagerkasse pro Nase zwanzig Rubel und eine Liste, auf der wir beim

Schwedischen Roten Kreuz Wäsche gegen Bezahlung bestellen können, auch Seife, Zahnbürsten usw. Für etwaige Bekannte drüben schreibt er die Namen und Regimenter auf. Jetzt, wo wir Aussicht haben, durch frische Wäsche die Läuse loszuwerden, machen wir eifrig auf diese Jagd. Die bestellten Sachen werden gebracht, für mich ist ein weißer Schlafanzug, ein wattierter grauer Chinesenmantel, eine warme Decke und Wäsche dabei. Nach gründlicher Waschung fühlt man sich so sauber in dem neuen Zeug, wie neu geboren.

Durch Konvois werden wir Deutsche nach einigen Tagen ins deutsche Lager gebracht. Es sind drei zweistöckige Backsteinkasernen mit großem, freiem Platz, auf dem bei unserer Ankunft Faustball gespielt wird. Das Ganze ist mit einem drei Meter hohen Bretterzaun umgeben, an den vier Ecken auf hohen Pfählen über dem Bretterzaun die Wachstände der Posten. Alles sauber, die Lagerbewohner sauber und korrekt angezogen. Hier herrscht strenge Ordnung, man hört nur Deutsch, ein gewisses Heimatgefühl im fernen Osten Asiens. Für die erste Nacht werden wir provisorisch untergebracht, mir leiht Leutnant Baumann aus Homburg seinen Liegestuhl als Nachtlager, andere schlüpfen bei Bekannten oder Regimentskameraden unter. Am anderen Tag werden uns unsere Plätze zugewiesen. Jedes Stockwerk eines jeden der drei zweistöckigen Häuser bildet eine "Kompanie". Ich komme in die des Hauptmanns v. Pusch im Erdgeschoss des Gebäudes, das dem Lagereingang am nächsten steht. Der Saal ist in Kasematten eingeteilt mit je einem "Kasemattenältesten", die Kasematten wiederum in Boxen, durch in Höhe von eineinhalb bis zwei Meter gespannte Vorhänge. In jeder Box wohnen zwei oder drei Herren. Jeder hat ein Kasernenbett, zwei zusammen einen "Schrank" von der Größe eines Nachttischchens. Für diese "Möbel", zu denen noch ein Hocker gehört, wird dem russischen Lagerkommandanten eine Leihgebühr bezahlt. So etwa sieht unsere "Kompanie" aus:

In der Kasematte, in die ich kam, lagen meist Kavalleristen, in meiner Halbkasematte waren Leutnant v. Zimmermann (sächsischer Karabinier), Offiziersstellvertreter Galvao (Infanterist), Leutnant Neumann (III. Ulan), Fähnrich Dibow (III. Ulan), Leutnant v. Ollershausen (Kürassier), Leutnant Kowalewski (Infanterist) und Leutnant Lippert (Infanterist). Ich lag mit Fähnrich v. Klavé (Halberstädter Kürassier) in einer Box zusammen. Kasemattenältester war Rittmeister v. Winterfeld (III. Ulan).

Der Lageradjutant wies uns "Neuen" eiserne Bettstellen zu, die wir in unsere Boxen schleppten, einen Strohsack pumpte mir Dibow, eine Waschschüssel Lippert. Teewasser und Essen brachten uns die deutschen Burschen, deren jede Halbkasematte zwei hatte. In der Kantine kaufte ich mir einen Metalllöffel, Messer und Gabel und ein Glas; von Liebmann, der sich inzwischen einen Koffer gekauft hatte, bekam ich ein kleines Schließkörbchen.

Wenn es mich juckte, ging ich sofort auf den Lokus zur Läusejagd, kochte fast täglich meine Wäsche aus und wurde so nach etwa einer Woche läusefrei. Wenn sich meine Wohlhabenheit auch nicht mit der der alten Plennis vergleichen konnte, so fing ich doch wieder an, ein feiner Mann zu werden.

Brief aus Chabarowsk vom 21. Oktober 1917:

Meine Lieben!
Seit etwa 3 Wochen bin ich im endgültigen Lager, Offizierslager Chabarowsk, Ost-Sibirien, und befinde mich körperlich wohl. Vom Roten Kreuz sind wir mit Geld versehen worden und ich habe mir allmählich die notwenigen Sachen angeschafft, sodass ich es, trotz der Hundekälte, die seit einigen Tagen herrscht, aushalten kann. [...] Wann habt Ihr Nachricht von meiner Gefangennahme bekommen? Hoffentlich habt Ihr Euch nicht zu sehr um mich Sorgen gemacht. Der Krieg wird ja, denke ich, bald zu Ende sein und wir sehen uns dann wieder. Es wird sicher bei den hier herrschenden Zuständen, die einer gewissen komischen Tragik nicht entbehren, dann noch einige Monate bis zu meiner Rückkehr dauern, aber wir haben ja Zeit. Dass ich auf einer Patrouille der Aufklärungseskadron des Prinzen Adalbert bei Tlumacz, westl. Cernowitz gefangen wurde, werdet Ihr wohl schon wissen. Die erste Zeit ging es mir nicht gerade übermäßig gut, hatte aber noch verhältnismaessiges Glück.
Ich werde jetzt, wie es seit 3 Wochen geschehen ist, regelmäßig die wöchentlich erlaubte Karte schreiben und hoffe, so um Weihnachten oder Ostern herum die erste Nachricht von Euch zu erhalten. Schreibt mir doch bitte recht oft und ausführlich. [...] Es wäre mir lieb, wenn Ihr mir eine <u>recht billige</u> Uhr, die billigste, die aufzutreiben ist, schickt. Für meine schöne goldene ist es ewig schade.
[...] Es ist trüb, gefangen zu sein und nichts als einen hohen Bretterzaun um sich zu sehen. Mein einziger Trost ist, dass der Prozentsatz der gefangenen Kavallerieoffiziere verhältnismaessig sehr hoch ist und dass ich meine Gefangennahme nur einem unglücklichen Zufall zuzuschreiben habe, für den ich nichts kann. [...]
Also schreibt öfters und seid herzlichst gegrüsst!
Hermann

Brief aus Chabarowsk vom 31. Oktober 1917:

Meine Lieben!
Heute ist wieder ein Tag, an dem wir Briefe schreiben dürfen, den ich nicht versäumen will. Es geht mir noch leidlich gut und ich bin noch

gesund, Es fängt allmählich, da es draussen auf dem Hof sehr kalt und windig ist, an, langweilig zu werden und ich suche mir die Zeit mit Lesen zu vertreiben. [...⁸] Es ist nur gut, dass wir uns sauber und frei von Ungeziefer halten können. Es besteht ein guter Kameradschaftgeist und eine wohltuende Ordnung. Die Russen kümmern sich kaum um etwas.

Ich wäre froh, wenn ich einmal Nachricht von Euch hätte. Es ist übel, so lange Zeit nicht von seinen Angehörigen zu erfahren, hoffe aber, dass alles noch wohlauf ist. Es wird wohl noch Monate dauern, bis ich die erste Nachricht von Euch bekomme. Die Kriegs- und sonstige Lage in Deutschland erfahren wir aus den russischen Zeitungen. Es scheint jetzt doch allmählich dem Kriegsende zugehen zu wollen. Wenn ich nur mal wieder deutschen Boden unter den Füssen habe. [...]
Mit den herzlichsten Grüssen!
Hermann

Es gab auch eine Lagerbücherei mit einer verhältnismäßig reichen Auswahl guter Bücher. Wer von zu Hause ein Buch bekommen hatte, gab es in die Bücherei. Ein besonderes Sälchen, vom Amerikanischen Roten Kreuz aus Holz gebaut, diente zur Abhaltung von allerhand Unterrichtskursen, Vorträgen und Gottesdiensten. Auf dem Kasernenplatz wurde Fußball, Kricket und Faustball gespielt. Es bestand ein Kunstverein "Sonnenblume", der ab und zu ganz gute Kunstausstellungen mit Gemälden, Holzschnitten, Zeichnungen und ausgezeichneten Holzschnitzereien veranstaltete. Eine Lagerkapelle hielt manchmal Konzerte ab. Auch drei Bären gab es im Lager, einen großen braunen und zwei kleinere schwarze. Es wäre ganz nett gewesen, wenn, ja wenn ...!

Hungerrepressalie.⁹ Jedem Plenni knurrt der Magen,

---

⁸ Hier folgt unter anderem eine mehrzeilige von der russischen Zensur geschwärzte Passage.

⁹ Beide kriegsführende Parteien schränkten zeitweise gezielt die Verpflegung der Kriegsgefangenen ein, wobei sie sich gegenseitig beschuldigten, begründeten Anlass zu dieser Repressalie gegeben zu haben. Zu berücksichtigen ist, dass sich die Versorgungslage allgemein gegen Kriegsende drastisch verschlechterte, auch für die einheimische Bevölkerung.

wenn er nur das Wort hört. Hier im Lager war Hungerrepressalie. Warum? "Ja", sagte man mir, "die ist immer, wenn es den Russen irgendwo dreckig geht". Und jetzt ging es ihnen wieder sehr dreckig. Die Küche für das ganze Lager mit etwa 600 Gefangenen war von der russischen Lagerkommandantur an einen fetten russischen Unternehmer verpachtet, der sein ihm natürlich gegen "Schmiere" überlassenes Schäfchen nach allen Regeln der Kunst schor. Anfangs bekamen wir von unserem Verpflegungsgeld am Monatsende noch ein paar Rubel heraus, dann immer weniger, später gar nichts mehr, ja, schließlich erklärte der Unternehmer, wenn wir nicht noch etwas draufzahlten, liefere er überhaupt nichts mehr. Wir beschwerten uns beim russischen Kommandanten. Erfolglos. Wir baten, die Küche in eigene Verwaltung nehmen zu dürfen, da es klar war, dass man den Fraß für weniger als die Hälfte des von uns bisher bezahlten Geldes herstellen konnte. Erfolglos. Wir traten in Hungerstreik. Die Russen freuten sich, der Unternehmer verdiente n o c h mehr. Lange hielten wir es auch nicht aus. Wir wandten uns unter großen Schwierigkeiten an den Vertreter des Schwedischen Roten Kreuzes Herrn Hetblum. Dieser war machtlos. Lange Beratungen. Was machen? Sollten wir uns verhungern lassen? Es konnte ja manches in der Nacht unter Lebensgefahr über den Zaun geschmuggelt werden, aber für 600 Leute? Außerdem kostete es Geld, und wir bekamen keins. Der Fähnrich v. Klavé pumpte mir etwas von dem Geld, das er aus besseren Zeiten übrig behalten hatte, aber das reichte gerade gegen das Verhungern. Schließlich gelang es einem Herrn, eine größere Summe für das Lager gegen ein sorgsam ausgearbeitetes System von Schuldscheinen, Bürgen und Unterbürgen von einem ungenannten Geldgeber in der Stadt aufzutreiben. Wir bekamen also das Essen weiter, natürlich der Hungerrepressalie entsprechend rationiert. Bis zum Mittagessen blieb ich im Bett liegen, mittags hockte ich lesend herum und war so schwach, dass ich mir jeden Gang erst ein paar Mal überlegte, ehe ich ihn tat. Abends wurde das meistens noch dampfend warme Brot verteilt, das ich gleich hinunterwürgte bis auf einen Happen, den ich mir schweren Herzens bis vor dem Schlafengehen zurücklegte. Ich habe damals sehr Hunger gelitten. Schließlich kam die Bolschewistische Revolution. Die Hungerrepressalie wurde zwar nicht aufgehoben, aber es wurde doch merklich besser und allmählich verhältnismäßig ganz gut und ausreichend, das aber erst ganz kurz vor unserer Abfahrt.

Postkarte aus Chabarowsk vom 8. November 1917:

Meine Lieben!
Wie sehnlich warte ich auf Nachricht von Euch, ohne Aussicht, dass vor 2 Monaten etwas ankommt. […] Hier liegt seit einigen Tagen Schnee und der Boden ist steinhart. Aus Zeitungsnachrichten höre ich oft von Bombenabwürfen bei Saarbrücken. […] Mir geht es noch gut. Frohe Weihnachten u. ein glückliches neues Jahre wünscht mit den herzlichsten Grüssen
Euer Hermann.

Brief aus Chabarowsk vom 21. November 1917:

Meine Lieben!
Zunächst möchte ich Euch frohe Weihnachten und glückliches Neujahr wünschen und Euch mitteilen, dass es mir noch leidlich gut geht. Es wird dies das erste Weihnachtsfest, ausser dem, waehrend dessen ich in Landshut krank war, sein, das ich nicht zu Hause verbringe, aber ich hoffe, dass es auch hier nicht ganz so trüb und freudlos sein wird. Die groesste Freude wäre uns natürlich ein Friede, der der von uns gebrachten Opfer würdig ist, der ja, wenn nicht alle Anzeichen trügen, nach den wenigen uns erreichenden Nachrichten bald zu erwarten ist. Hoffentlich kommen wir von hier, dem sogenannten A…. der Welt, bald weg. Der Ausdruck ist zwar drastisch, aber wahr. Es liegt schon seit über einer Woche tiefer Schnee und es schneit weiter. Hoffentlich hält das Wetter unsere braven Truppen in Italien auf ihrem Marsch nicht auf; denn nach den kümmerlich verstümmelten Nachrichten, die zu uns kommen, scheint es ja dort mächtig vorwärts zu gehen. […] Seit 1. Oktober etwa habe ich wöchentlich einmal geschrieben und erwarte sehnsüchtig Nachricht von Euch, die ich aber vor Januar schwerlich bekommen werde. Ich weiss vor Langweile nicht, was ich den ganzen Tag anfangen soll; wir haben zwar eine Bib-

liothek hier, aber den ganzen Tag lesen kann ein gesunder Mensch doch auch nicht.

[...] Es ist schrecklich, kein Ende zu sehen, und wenn die Hoffnung nicht wäre, könnte man es kaum aushalten in diesem dem Mitteleuropäer unglaublichen Durcheinander. Ihr werdet aus den Zeitungen wohl viel erfahren; aber was ist das gegen die Wirklichkeit! [...]
Mit herzlichem Gruss!
Hermann

Mit dem Aufhören des Hungers wurde auch die Laune besser. Abends ging ich zu Liefmann und Schöneborn, die in der nächsten Kasematte in einer Box zusammen hausten. Dort kam auch Viatmeier hin, wir spielten einen Skat und rauchten amerikanischen Tabak, den wir Weihnachten vom Roten Kreuz bekommen hatten. Auch Wutki wurde manchmal in Blechkannen hereingeschmuggelt. Wenn Oberleutnant Grahn dahintergeraten war, kam er, um mit meinem künstlerisch selbstgeschnitzten Stiefelknecht die Stiefel auszuziehen, in meine Box und hauchte mir, der ich schon in der Falle lag, eine wüste Alkoholwolke ins Gesicht mit den Worten: "Riech mal, Wachtmeister, wie gut!" und torkelte von dannen. "Wachtmeister" nannte man mich im ganzen Lager. Es gab zwar noch mehrere Wachtmeister, aber ich war eben der Wachtmeister. Am Anfang, als wir unsere Namen noch nicht so kannten und ich der einzige Wachtmeister war, hieß es natürlich "der Wachtmeister hat gesagt ...". Das war dann so hängengeblieben und schließlich kannte kaum jemand einen Herrn Groß, deren es im Lager nur einen einzigen gab, aber viele kannten den "Wachtmeister", obwohl es im Lager mehrere gab. Einmal habe auch ich mir in dieser Zeit die Nase gründlich mit Wutki begossen, anlässlich des Friedensschlusses mit Russland[10] und der damit verbundenen Aussichten auf baldige Heimkehr.

Nach Weihnachten stand der Weihnachtsbaum noch lange im Mittelgang des Raumes. Ich lag im Bett, da

---

[10] Friedensvertrag von Brest-Litowsk zwischen Russland und den Mittelmächten vom 3. März 1918

hörte ich zwei alkoholisierte Gestalten hereintorkeln und gegen die im Mittelgang aufgestellten Wassereimer stolpern. "Du pass uff, schmeiß den Weihnachtsbaum nicht um!" lallte der eine, darauf der andere: "Was heißt hier Weihnachtsbaum, wenn keine Lichter brennen?" Das ist dann, besonders beim Skatspiel, stehende Redensart geworden.

Brief aus Chabarowsk vom 21. Februar 1918:

Meine Lieben!
Bisher habe ich noch keine Nachricht von Euch, trotzdem verschiedene Herren, die zu meiner Zeit gefangen wurden, schon lange, etwa 6 Wochen, Verbindung mit der Heimat haben.
Heute haben wir erfahren, dass der Friede zwischen Deutschland und Russland abgeschlossen sei. Ich bitte Euch aber, mir trotzdem noch zu schreiben, da bis zu unserem Abtransport wohl noch viel Zeit verstreichen wird. [...] Es geht mir sonst gut, die Repressalie ist seit einiger Zeit aufgehoben und es scheint auch allmählich wärmer werden zu wollen. Ich beschäftige mich sehr viel mit Landwirtschaft und habe schon allerhand zugelernt, da wir hier im Lager eine ziemlich reichhaltige Bibliothek haben, die ich fleissig benutze. [...]
Hoffentlich ist zu Hause noch alles wohlauf und in Ordnung. Noch selten habe ich so starkes Heimweh gehabt, wie gerade jetzt, wo ich

seit 7 oder 8 Monaten von Euch garnichts erfahren habe. Oft, wenn ich nachts schlaflos liege, gehen mir allerhand trübe Gedanken durch den Kopf, was zu Hause alles passiert sein könne.
Mit den herzlichsten Grüssen!
Hermann

Auch zur Bolschewikenzeit wurden wir täglich kontrolliert. Ein Konvoi klingelt auf dem Hof mit einer großen Schelle, wir stellten uns in zwei Gliedern im Mittelgang auf, ein russischer Offizier mit einer Liste in der Hand ging durch und zählte. Da von Zeit zu Zeit immer einige entwetzt waren, war es nicht so einfach, immer die richtige Zahl zu haben, da die Kaserne nur einen Eingang hatte und das Leutepumpen von anderen Kompanien nicht so einfach war. Der Kompanieadjutant war oft schwer im Druck. Aber es war ja nicht nur die Tür, es waren auch Fenster da, und wenn das Zählen das erste Mal nicht so recht klappte, beim zweiten oder dritten Mal stimmte die Zahl todsicher. Beim Bolschewikenumschwung mehrten sich, weil die Aussicht, auf der Bahn nach Westen durchzukommen, bestand, die Zahl der Fehlenden, auch der deutsche Lageradjutant war plötzlich "krank" und unser Kompanieadjutant spurlos verschwunden - derartig, dass nichts mehr zu verwischen war. Es wurde eine Generalkontrolle auf dem Hof abgehalten, jede Kompanie mit Posten umstellt und die Namen einzeln verlesen. Es fehlte eine ganze Anzahl, so gegen hundert. Jeden Tag konnten wir nun frierend im Schnee stehen, manchmal gingen nachts Russen mit Laternen durch die Kasematten und sahen in den Betten nach, ob alle da seien. Auch aus meiner Halbkasematte hatten sich Lippert, Galvao, Kowalewski und v. Zimmermann Zivilkleider verschafft und waren nachts, von den Posten beschossen, über den Zaun entwetzt. Von Lippert und Kowalewski habe ich nichts mehr gehört. Galvao und v. Zimmermann waren auf einer Station der Amurbahn von Tschechen als Plennis erkannt worden, hatten eine Zeitlang im Kasten gesessen und wurden wieder ins Lager zurückgebracht.

Eines Tages hieß es: "Die Ärzte und Veterinäre werden ausgetauscht". Ich stürzte zur Kanzlei und gab mich als Hilfsveterinär an. Zwei Tage später kam der Kompanieadjutant zu mir und sagte, dass die deutschen Ärzte und Veterinäre am nächsten Morgen abführen. Ich freute mich diebisch, schnürte mein Bündel und konnte die Nacht kaum schlafen. Aber es war nichts. Die "Richtigen" fuhren ab und ich musste dableiben. Ich habe gesagt "die Richtigen". So ganz stimmt das aber noch nicht. Denn als die "Richtigen" auf den Bahnhof kamen, um ihren Fahrschein abzuholen, sagte man ihnen, dass der Fahrschein bereits am Abend vorher abgeholt worden sei. Es waren also die "Falschen" schon abgedampft und die "Richtigen" konnten erst zwei Tage später nachrutschen.

Im März klingelte es eines Nachmittags. "Prowiarka", Zählung. Auf dem Hof erscheint ein Russe in Uniform mit roter Kokarde an der Mütze und stellt sich dem erstaunten Plenni als Abgesandter des Moskauer Sowjets vor, redet uns mit "Towarischtschi", Genossen, an und hält eine schwunghafte Rede, die bruchstückweise von unserem Dolmetscher, "Pastor Wiese", übersetzt wird. Wiese war ganz gewöhnlicher Offiziersstellvertreter, von Theologiestudium keine Spur, weil er aber gut russisch sprach und vorzüglich mit Russen umgehen konnte, hatte ihn die deutsche Lagerkommandantur zur Erleichterung von Schiebungen, ohne die nun einmal nicht auszukommen war, als Pastor in die Listen eingetragen. Infolgedessen trug "Herr Pastor Wiese" die violette Binde mit dem Kreuz am Arm, es wurde ihm so ein langer Feldpredigerbandel von der deutschen Lagerkommandantur verabfolgt und von der russischen ein "Propusk", das heißt, ein Erlaubnisschein, am Tag in die Stadt gehen zu dürfen. "Pastor Wiese" hielt natürlich auch Gottesdienst ab. Also Pastor Wiese übersetzte die Rede des Sowjetmannes: Zuerst Aufklärung über die politische Lage, dann über den ungünstigen Friedensschluss mit Deutschland und dann, dass wir uns noch, da durch die Revolution die Verkehrsverhältnisse schlecht seien, einige Zeit bis zur Abfahrt gedulden müssten. Ganz schön war die Rede, nur bei der Anrede "Towarischtschi", Genossen, mussten wir lachen. Aber wir waren damals eben noch wüste Militaristen, Imperialisten und Kapitalisten.

Wir wurden zu Beginn des Jahres 1918 manchmal in Partien zu je 30, natürlich von Konvois begleitet, gegen Bezahlung spazieren geführt. Es ging dann hinunter an den Ussuri und Amur, am Ufer entlang oder auf dem zwei Meter dicken Eis zu dem auf einer hoch über den Fluss ragenden Landspitze stehenden Erzstandbild Murawjows, des Eroberers des Amurgebietes. Auch ein Museum befindet sich hier oben in einem mäßig großen Backsteinbau. Hinein konnten wir nicht, aber auch draußen war manches zu sehen, Teile von ansehnlichen mongolischen Steinstatuen, Skelette von Waltieren und ähnliches. Wir gingen dann über einen Markt, auf dem eine Menge etwa eineinhalb Meter lange gefrorene Lachse wie Pfähle an den Bretterbuden standen, auch Wildschweine, ein riesiger Elch, Schneehasen, Schneehühner, Wildenten, Wolfs- und Luchsfelle wurden von Russen, Koreanern und Chinesen verkauft. Durch die Stadt, ohne jedoch deren Zentrum zu berühren, gingen wir ins Lager zurück. Chabarowsk besteht meist aus Blockhäusern, nur die Kasernen, einige große Geschäftshäuser und Regierungsgebäude sind aus Backsteinen erbaut. Die Stadt hatte damals etwa 40 000 Einwohner, von denen zwei Drittel Russen, die anderen Chinesen und Koreaner waren.

Man hätte nun meinen sollen, dass der Besuch des Sowjetvertreters im Lager mit der Aussicht auf Heimkehr allgemein Freude ausgelöst hätte. Das war nicht der Fall, denn man hatte Gelegenheit genug gehabt, den Russen nicht zu trauen, da ihre Versprechungen meistens eben nur Versprechungen blieben. Besonders mein Boxenkamerad v. Klavé, der während seiner mehrjährigen Gefangenschaft Typhus und Pocken gehabt und Unglaubliches in den verseuchten Lagern erduldet hat, war vollkommener Pessimist. Immerhin hob sich die Stimmung etwas, weil wir aus japanischen Zeitungen bestimmt wussten, dass wenigstens Frieden mit Russland geschlossen war. Die geänderte Lage gab Anlass zu den wildesten "Latrinen". Die "Latrine" spielte überhaupt im Leben der Plennis eine große Rolle. Sie ist das, was man in Deutschland Gerücht oder Geschwätz, in Afrika Buschklatsch nennt. Irgendwo entsteht sie, wo weiß niemand, sie geht von Mund zu Mund, vergrößert sich, wird ausgesponnen, von allen Seiten beleuchtet und breitet sich aus wie ein Strom. Man glaubt sie so, wie sie gerade ist, man ändert sie nach eigenem Geschmack ab, man erklärt sie für glatten Unsinn. Die "Latrine" gibt den einzelnen Temperamenten freien Spielraum, sie schafft krasse Optimisten und ebenso krasse Pessimisten, sie muntert auf und schlägt nieder. Es mag die schlechteste Latrine kommen: Der Optimist weiß auch ihr gute Seiten abzugewinnen. Sie mag noch so gut sein: Der Pessimist sieht nur das Schwarze. Und doch! Wie öd und langweilig wäre das Plennileben ohne Latrine, wie tötend stumpfsinnig die langen Winterabende im von der Außenwelt abgeschlossenen Plennilager! Man geht von Box zu Box, von Kasematte zu Kasematte, überall finden sich willige Hörer. Man steckt die Köpfe zusammen, man hat Beschäftigung. Die "Latrineure" sind bekannt und beliebt im Lager. Um den Latrineur drängen sich mit langen Hälsen und gespitzten Ohren die Plennis wie hungrige Hunde. Es geht kein Brocken verloren.

Brief aus Chabarowsk vom 20. März 1918:

Meine Lieben!
Ich hoffe, dass dies der letzte Brief ist, den ich aus Sibirien schreibe. Der Friede ist ja jetzt endgültig geschlossen, wenn auch in unserer Lage hier noch keinerlei Änderung zum Besseren eingesetzt ist. Ich habe noch keine einzige Nachricht von Euch bekommen und glaube, dass ich keine mehr bekommen werde. Hoffentlich habt Ihr wenigstens hin und wieder mal eine Karte oder einen Brief von mir erhalten. […]
Es geht mir sonst so gut wie bisher. Ich habe den Winter über nicht zu frieren brauchen, wovor ich mich nach den Erzählungen lange Gefangener gefürchtet hatte. […] Wenn alles gut ginge, könnten wir in zwei

Monaten zu Hause sein, ich glaube aber, dass es bei dem jetzigen Zustand der russischen Eisenbahnen viel länger dauert und dass ein geschlossener Abtransport aller deutscher Herren überhaupt unmöglich ist. Es sind etwa sechshundert hier, und wenn die am längsten Gefangenen zuerst drankommen, muss ich bis zuletzt hier bleiben, da ich von allen am spätesten geschnappt wurde. Zu Hause werden wohl Krokus und Veilchen schon blühen, hier liegt noch dicker Schnee und es herrscht eine Hundekälte. Hoffentlich fahren wir durch Sibirien in geheizten Wagen.
In der Hoffnung, dass es Euch noch allen gut geht, grüsst Euch herzlichst
Euer Hermann

Natürlich drehen sich die meisten Latrinen um die Heimfahrt; denn diese wird vom Plenni am meisten ersehnt. "Man hat von maßgebender Stelle beim Schwedischen Roten Kreuz gehört ...", "der russische Kommandant soll gesagt haben ...", "in einem Brief aus Japan steht ...", "Steiner aus der Kompanie Klein hat eben erzählt" usw. usw. Diesmal spielten die Japaner eine große Rolle. Man latrinierte in den verschiedensten Varianten, dass sie unsere Abfahrt nach Hause verhindern und uns in Japan gefangen setzen wollten, sie seien schon in Nikolsk-Ussurisk und kämen in drei Tagen in Chabarowsk an, usw. Oder: Man hatte den Zug für unseren Abtransport auf dem Bahnhof stehen sehen, es waren 47 Wagen, lauter Tepluschken, zwei Krankenwagen und ein Personenwagen. Ein Eisenbahner hat gesagt, dass der Zug morgen Nachmittag um drei Uhr abfahren soll. Oder: Der russische Adjutant hat gesagt, dass er bestimmt wisse, dass an einen Abtransport vor einem halben Jahr gar nicht zu denken sei. Oder: Der russische Kommandant war eben auf der deutschen Kanzlei und hat gesagt, dass wir morgen abfahren. Um 10 Uhr soll alles bereit stehen. Der Kompanieadjutant erscheint mit einem Zettel und gibt bekannt: "Morgen um 10 Uhr soll alles für den Abtransport bereitstehen." Man packt, man packt nicht, je nachdem, ob man Optimist oder Pessimist ist. Ich packe, weil es der Kompanieadjutant angesagt hat, mein

Mitboxbewohner Klavé packt nicht. "Es ist ja doch wieder Mist". Die meisten packen eifrig, die anderen sehen mitleidig lächelnd mit den Händen in den Hosentaschen zu. Am anderen Morgen fahren die üblichen Panjewagen vor: "Gepäck heraustragen!". Nun stutzt Klavé doch. Er geht hinaus und sieht sich den Betrieb an, kommt dann erst ganz gemütlich angeschlendert und fängt an, seine Brocken zusammenzupacken. Er hat Zeit, denn vor zwei Uhr fahren die Panjewagen doch nicht zur Bahn. Aber sie fuhren diesmal wirklich. Wenn alles klappt, können wir in sechs Wochen in Deutschland sein!

"Heimfahrt" 1918

Brief aus Chabarowsk vom 1. April 1918:

Meine Lieben!
Als erste Nachrichten von Euch erhielt ich Friedas Karte vom 3. Januar, die am 25. März ankam, und Paulas Karte vom 28. Dezember, die am 29. März ankam. Ich habe mich sehr darüber gefreut, nachdem ich so lange vergeblich darauf gewartet habe, zumal ich ersehe, dass es Euch gut geht. [...] Ich bitte Euch, mir nichts mehr zu schicken, da wir hoffentlich im Laufe der nächsten Wochen abtransportiert werden. Es geht mir sonst noch so gut wie immer und die vorzüglichen Nachrichten von unserer Westfront machen mir viel Freude, nur schade, dass sie uns so spärlich und spät und meist von gegnerischer Seite aus erreichen. Heute ist Ostermontag und taut jetzt der Schnee, der seit Oktober gelegen hat, allmählich weg. Wie schön muss es jetzt zu Hause sein!
Mit herzlichem Gruss!
Hermann

Es war Anfang April. Der Schnee, der seit Mitte Oktober alles zugedeckt hatte, war vor ein paar Tagen in der Mittagssonne geschmolzen und hat alles in einen Morast verwandelt, jetzt war es einigermaßen trocken. Wir hatten auch Geld genug: Graf Bonde vom Schwedischen Roten Kreuz war aus Japan gekommen und hatte Geld mitgebracht. Auch meine einzige angekommene Geldsendung von zu Hause, 100 Rubel; von unserem Darlehen hatten wir noch etwas, und die Russen hatten für eine Zeitlang Verpflegungsgelder ausgezahlt. Auch die erste Postkarte hatte ich vor einigen Tagen von zu Hause bekommen und dadurch erfahren, dass noch alles wohl sei. Es konnte also losgehen. Wir verteilten uns in die Tepluschken, wurden dann noch einmal von den Towarischen leicht überplündert und von den neuen Sachen, die wir vom Roten Kreuz bekommen hatten, eine ordentliche Portion - besonders Schuhe - abserviert. Dann fuhren wir ab.

Abfahrt von Chabarowsk.

Man munkelte, Graf Bonde habe uns durch einen "warmen Händedruck" beim russischen Kommandanten losgeeist. Werden uns die Towarische durchlassen, da wir doch ein Offizierstransport sind? Eine besondere Gefahr für uns sind die tschechischen Bataillone, die überall auf den Stationen stehen. Ein russischer Transportführer mit blutroter Kommunistenbinde um den Arm begleitet uns. Towarische mit den üblichen Spießen, unsere gewöhnten Konvois, sind nicht dabei. Allzuviel Hoffnung haben wir nicht, aber immerhin wir fahren. Durch einen Tunnel geht es und dann über die zweieinhalb Kilometer lange

Amurbrücke. Mit Urwald, der endlosen sibirischen Taiga, bestandene Ebene und Hügel. Merkwürdig ist eine Birkenart mit bis in die äußersten Zweigspitzen weißer Rinde. Also wirklich ganz weiße Birken. Das Merkwürdigste sind aber schwarze Birken, an denen keine Spur Weiß ist. Im Flachland ist meist Laubwald, mit weiten Sumpfstrecken untermischt, mit Wildnissen durcheinander gefallener Baumstämme. Hier ist der Boden bis in acht Meter Tiefe ständig gefroren. Beim Bau dieser Bahn fand man unter einer ein Meter starken Moordecke drei Meter Torf, darunter eine zwei Meter dicke Schicht blankes Eis, und dann wieder bis in acht Meter Tiefe gefrorenen Torf. Hier ist auch die Heimat des Sibirischen Tigers, der sich vor dem Indischen Tiger durch ein dichtes Fell auszeichnet. Die Bahn fährt in einem Abstand von 100 km immer an dem die chinesische Grenze bildenden Amur entlang durch völlig unbewohntes Gebiet, in dem mongolische Räuberbanden, die gefürchteten Chunchusen, hausen. Im Burejagebirge fahren wir durch große Nadelwälder. Durch den Gebirgskamm geht ein langer Tunnel. Dann senkt sich die Bahnstrecke, stellenweise auf hoch aufgeschütteten Dämmen Täler überquerend, langsam in eine Ebene. Manchmal sieht man jetzt Siedlungen und Äcker, auch Dörfer mit ausgedehnten Feldern, an den Flüssen Goldwäschereien. An einem Abend fuhren wir durch brennenden Urwald. Rauch lag über dem Land, soweit man sehen konnte. Brennende Baustämme standen bis in die Wipfel flammend wie ungeheure Fackeln auf verkohltem Waldboden. Wie eine unübersehbare Schützenlinie fraß sich der Bodenbrand knatternd, knisternd und pfeifend im dürren Bodengras weiter. Lodernde Baumstämme stürzten prasselnd und Funken sprühend zusammen. Ein wunderschöner, grandioser Anblick. Etwa eine halbe Stunde fuhren wir mit heulender Lokomotive hindurch und noch am folgenden Morgen, als wir schon viele Kilometer weiter waren, hing der Brandgeruch in der nebligen Morgenluft.

In Tschita kommen wir wieder auf die Bahnstrecke, auf der wir hier auf der Fahrt nach dem Osten und der Mandschurei abgezweigt waren. Der Baikalsee ist jetzt, Mitte April, noch dick zugefroren. Erst im Mai wird das Eis schmelzen.

Die Fahrt ist soweit ganz schön. Wir sehen uns durch die zurückgeschobenen Türen die Gegend an oder spielen Skat. Tabak haben wir auch. Mittags bekommen wir warmes Essen aus dem Küchenwagen, meistens natürlich Kascha, abwechslungsweise schwarze aus Buchweizen und sogenannte weiße aus Hirse. Brot ist im Verpflegungswagen mitgenommen. Das übrige kaufen wir uns auf den Stationen, deren Kipjatok auch das heiße Wasser zum Tee liefert. Wenn nur die Ungewissheit nicht wäre! Bis jetzt wurden wir nach Prüfung der Transportpapiere noch überall durchgelassen. In Kansk wird der Zug angehalten. Es heißt, weiter im Westen seien Unruhen ausgebrochen. Zwei Tage steht der Zug auf der Station. Auch ein Zug mit tschechischen Legionären steht hier. Im Allgemeinen haben wir Freiheit. Wir gehen in die Stadt, gestatten uns den Luxus, einmal in einer "Stolowaja" (Gasthaus) zu essen. Mit Liebmann gehe ich in den auf einem Platz aufgeschlagenen Bretterzirkus. Viel wird nicht geboten, immerhin hat der Plenni seine Freude daran.

Wir müssen unseren Zug verlassen. Die Russen sagen, dass der Aufenthalt unbestimmte Zeit dauere und dass sie die Tepluschken nötig brauchten. Da sieht es trübe aus. Zwar behaupten die Russen, dass sofort, wenn der Weg wieder frei ist, uns ein Zug abholen soll. Aber wir kennen das ja, russische Versprechungen. Über die Steppe wandern wir nach dem von der Stadt etwa drei Kilometer entfernten Lager, das aus Erdbaracken, den üblichen Semeljanken, besteht. Die Steppe ist schneefrei, aber die Schneewehen an den Semeljanken lassen in der Mittagssonne große Lachen von Schmelzwasser entstehen. Die Baracken waren lange Zeit nicht bewohnt und sahen dementsprechend aus. Wir nisten uns ein. Besonders langweilig ist es eigentlich nicht, ich gehe auf der Steppe spazieren, liege in der wohltuenden Sonne herum oder bummele in die Stadt. Einige machen weitere Spaziergänge und kaufen in den Dörfern Lebensmittel ein, meist durch Tausch gegen Kleidungsstücke usw. Sowohl der deutsche als auch der russische Transportführer geben sich alle erdenkliche Mühe, uns loszueisen. Beide sind gewandte Schieber, der deutsche, Herzberg, ein ehemaliger Plenni, der durch Flucht nach Hause gekommen und jetzt vom Roten Kreuz mit Vollmachten der Sowjetregierung aus Deutschland geschickt war, um uns durchzubringen. Er läuft immer mit der Aktenmappe herum, fährt auf der Bahn im Salonwagen und kennt seine früheren Koplennis gar nicht mehr. Der Russe, groß, dickwanstig, immer gut gelaunt, den kleinen steifen Hut hinten im Genick, rote Binde am Arm, ist der Typus des Schiebers. Auf ihn besonders setzen wir unsere Hoffnung.

Es findet in der leeren russischen Kaserne eine ärztliche Untersuchung statt. Es ist ein russischer Arzt da und unser Lagerarzt. Unser Lager-"Assistenzarzt" hält eine Voruntersuchung ab. Er ist zwar nicht Mediziner, aber er hat die schöne Binde am Arm, das Hörrohr in der Hand und riecht nach Karbol. Bei jedem konstatiert er irgendein Gebrechen, es ist nicht ein einziger Gesunder in unserem Lager. Man merkt sich, was man hat und tritt mit möglichst jämmerlicher Miene vor die Ärztekommission, nennt seine Krankheit, manchmal auch gleich mehrere, diese wird von der Kommission nach "Untersuchung" bestätigt und in eine Liste eingetragen. Das geht sehr schön und glatt. Wir sind jetzt lauter Invalide.

Ich liege auf einer Böschung in der Steppe auf meiner Schlafdecke und lasse mir die wohltuenden Sonnenstrahlen ins Gesicht scheinen, da höre ich, dass im Lager ein Signal geblasen wird. Was ist los? Ich nehme meine Decke unter den Arm und schlendere zum Lager. Vietmeier ruft mir aufgeregt entgegen: "Wachtmeister, mach schnell, wir fahren gleich ab!"

Nach etwa einer Stunde hocken wir wieder in der Tepluschka. Wir sind jetzt ein richtiggehender Invalidentransport: ein großes rotes Kreuz an jedem

Wagen, drei Personenwagen als Liegewagen für "Schwerkranke". Auch der Salonwagen der Transportführer ist dabei. In jeder Tepluschka ist ein "Sanitäter" mit Rot-Kreuz-Binde. Die Tschechen stehen auf der Rampe und sehen uns erstaunt an. Weit kamen wir nicht. In Krasnojarsk wurde unser Zug angehalten. Es waren Aufstände ausgebrochen, der Weg nach Westen wieder versperrt. Die Tschechen, die schön auf die ganze Bahnlinie verteilt mit ihren Zügen auf den größeren Stationen hielten, hatten die Macht an sich gerissen. Fast ohne Gewalt, denn die verlotterten Bolschewiken waren nicht imstande, ihnen, die gut ausgerüstet und diszipliniert waren, ernstlich Widerstand entgegen zu setzen. Gleich in der Nacht nach unserer Abfahrt von Kansk war es dort losgegangen. In Krasnojarsk wurden wir auf ein Nebengleis geschoben und standen dort wochenlang. Erst hieß es immer: "Wenn der Postzug No 4 eintrifft, ist die Strecke frei und wir fahren weiter". Sehnsüchtig erwarteten wir den "Postzug No 4" – aber er kam nicht. Auf einem bestimmten Gelände in der Nähe unseres Zuges durften wir spazieren gehen, der Besuch der Stadt war uns verboten. Zum Zeitvertreib wurden Latrinen verzapft. Krasnojarsk war noch in Händen der Roten. Andauernd gingen auf einem Geleise neben unserem Zug mit großem Tammtamm, Musik und Reden kleine Abteilungen Bolschewiken, kläglich anzusehen, ab. Man hörte den ganzen Tag nichts als die Internationale spielen, so oft, dass man ganz dämlich davon wurde. Unvergesslich ist mir eine Szene: Ich saß in Hockstellung auf dem Massenlokus, neben mir ein hochfeudaler Ulanenrittmeister, mit Inbrunst und Andacht die "Rote Internationale" pfeifend. Das Towarischtum machte also glänzende Schule! Als es Ende Mai wärmer wurde, erhielten wir die Erlaubnis, im Jenissei baden zu gehen. Unterhalb der Eisenbahnbrücke liegen in dem breiten, reißenden Strom mehrere flache, mit Weidengebüsch bewachsene Inseln. Die deutschen Matrosen unseres Transportes, Mannschaften der "Magdeburg", hatten einen Kahn aufgetan, auf dem sie uns hinüber auf die oberste Insel ruderten. Dort badeten wir im Jenissei und lagen stundenlang im schönen Flusssand. Weit konnte man nicht in den Fluss schwimmen, weil man rasend schnell abgetrieben wurde. Gegen Abend ließ man sich wieder ans Ufer rudern.

An unseren Zug kamen täglich Frauen und Kinder Lebensmittel, Eier usw. verkaufen. Darunter auch ein hübsches achtjähriges Mädchen, barfuß, ärmlich, aber immer hübsch sauber und freundlich. Es war die Tochter eines ehemaligen höheren zaristischen Offiziers, der in der Revolution umgekommen war. Sie wurde immer schnell ihre "Palatschinki" (Pfannkuchen) los. Hier kam Leutnant Hübner, der sich aus dem Kransnojarsker Lager dünngemacht hatte, zu uns und wurde in den Transport aufgenommen.

Den Towarischen ging es an den beiden "Fronten" hundeschlecht, sie bezogen, wie das nicht anders zu erwarten war, dauernd Prügel. Die Fronten rückten immer näher auf Krasnojarsk zu. An der Eisenbahnbrücke über den Jenissei waren zwei Feldgeschütze aufgestellt, die Krasnojarsker Rote Artillerie. Eines Tages bei Einbruch der Abenddämmerung hieß es: "Die Weißen[11] kommen." Eine Lokomotive nahm uns ins Schlepptau und gondelte mit uns etwa 15 km nach Westen und ließ uns auf der Ausweichstelle Minino stehen. Schon bei der Abfahrt hatten wir Gewehr- und kümmerliches Geschützfeuer gehört. In der Nacht kamen die Weißen, Tschechen, von Osten nach Krasnojarsk. Am anderen Tag kam ein tschechischer Panzerzug von Westen. Unser Transport wurde nach Waffen und Metallgeld durchsucht, dann fuhr der Panzerzug weiter.

In Minino stand unser Zug mehrere Tage ruhig auf einem Nebengleis. Minino selbst ist nur eine Station, eine der auf der sibirischen Bahnstrecke üblichen Ausweichstellen, wo sich die Lokomotiven mit Wasser und Brennmaterial versehen. Außer den Bahnwärterhäusern gibt es dort keine Siedlung. Die Station liegt einsam zwischen flachen Bergen, die mit

---

[11] anti-bolschewistische Kräfte im russischen Bürgerkrieg

lichtem Wald und stellenweise mit Gras bewachsen sind. Wenige Kilometer nördlich und südlich der Bahn beginnt die Taiga, der sibirische Urwald. Es waren wunderbar schöne, sonnige Junitage, hell und heiß, von erfrischenden lauen Regenschauern unterbrochen. Ich benutzte die Zeit zu Spaziergängen, manchmal stundenweit hinaus in die überaus üppige, frisch und kraftstrotzend nach dem langen Winter aus dem fruchtbaren Humusboden hervorgeschossene Vegetation. Prachtvolle Orchideen wuchsen aus dem durch Waldbrände verkohlten Waldboden, hohe blaue Schwertlilien an den Bachrändern, himmelblaue Staudenrittersporne und rote Päonien an den Gebüschen, gefleckte und leuchtend hellrote Lilien in dem Pflanzenteppich der sonnigen Hänge. Besonders hatte es mir ein bachdurchflossenes Seitental mit steilen Berghängen angetan, in dem die Sonne den ganzen Tag über brütete. Weit wanderte ich durch Pflanzengewirr hinauf bis in den dichten Urwald mit seinem tiefen weichen Humusboden, durcheinander liegenden morschen Baumstämmen und fast undurchdringbarem Unterholz. An einem Geröllhang vulkanischen rötlichen Gesteins fing ich Kreuzottern und jagte den Schmetterlingen nach, fand übrigens keine Art, die bei uns in Deutschland nicht heimisch ist. Mit einem prachtvollen Blumenstrauß kehrte ich dann abends in die Tepluschka zurück. Es waren schöne Tage voll Freiheit und Naturgenuss. Am Tage waren die kleinen Stechmücken, von denen es wimmelte, recht unangenehm. Abends konnte man sich ihretwegen kaum im Freien aufhalten.

Unser Trompeter blies zum Sammeln und der Zug fuhr nach Westen weiter. "DO JESWIDANIE!" (Auf Wiedersehen) rief uns der Bahnwärter zu, "DO NJEWSWIDANIE!" (Auf Nimmerwiedersehen) antwortete der Plenni. Der Bahnwärter von Minino sollte Recht behalten!

Wir waren frohen Mutes, denn wir fuhren ja nach Westen, der Heimat zu. Misstrauisch beobachteten uns die tschechischen Legionäre, auf dem Bahnhof von Marinsk stand ein Transport serbischer Flüchtlinge, auf dem Ob lagen schmucke Flussdampfer und mächtige Flöße. Wir fuhren über die große Eisenbahnbrücke nach Nowo Nikolajewsk.

Auf dem Bahnhof stehen eine Menge Züge. Wir werden angehalten. Ein tschechischer Offizier steigt in den Transportführerwagen und prüft die Papiere. Tschechische Legionäre haben den Zug umstellt, niemand darf heraus. "Aus jedem Wagen ein Befehlsempfänger zum Transportführerwagen!" Wir ahnen nichts Gutes. Ich gehe hin. "Befehl von der tschechischen Kommandantur: Alle Gefangenentransporte kehren an ihren Ausgangspunkt zurück. Wir fahren sofort wieder nach Osten." Mit Spannung werde ich in meinem Wagen erwartet, mir klopft das Herz. Kaum bringe ich die Worte heraus. Tiefe Niedergeschlagenheit, alle Hoffnungen mit einem Schlag vernichtet, verbissene Wut, manchem treten Tränen in die Augen. Der Zug fährt nach Osten. Kansk oder Chabarowsk? Wieder die schreckliche Ungewißheit. Dumpf brütend sitzt alles herum, es wird kaum ein Wort gesprochen. Wir wissen, dass die Tschechen uns hassen, und sie haben jetzt die ganze Gewalt. Der Bahnwärter von Minino winkt lachend, keine Antwort, nur Blicke verhaltener Wut treffen ihn.

Der Zug fährt sehr schnell, schon am vierten oder fünften Tag nähern wir uns Kansk. Wir fahren auf den Bahnhof. Tschechen erscheinen, betrachten uns misstrauisch, der Zug wird von tschechischen Legionären umstellt, niemand darf heraus. Gegen Abend erscheint der tschechische Adjutant. Strenger Befehl, dass niemand den Zug verlässt, die Türen und Fensterklappen werden fest verschlossen, wer aufmacht, soll erschossen werden. Am Morgen geht unser Adjutant von Tepluschka zu Tepluschka und sagt an, dass eine Durchsuchung stattfinden soll, alles Geld soll abgenommen werden bis auf 60 Rubel pro Mann, ebenso "überflüssige" Decken, Kleidungsstücke, Wäsche, Schuhe, Tabak, Lebensmittel. Wer etwas versteckt, soll erschossen werden. Falls in einem Wagen verstecktes Geld gefunden wird, sollen vier Mann herausgegriffen und erschossen werden. Ohnmächtige Wut. Müssen wir uns das von diesen Überläufern und Verrätern gefallen lassen? Aber wir sind ja vollkommen wehrlos dem gut bewaffneten Gesindel gegenüber. Alles muss mit sämtlichem Gepäck vor die Tepluschken, die Durchsuchung beginnt in den beiden ersten Wagen. Mein Wagen ist einer der letzten des Zuges. Überall stehen die Legionäre mit ihren Gewehren und passen scharf auf. Leutnant Burk von den Saarbrücker Dragonern und noch ein Offizier sowie ein Mann unseres Transportes werden von Tschechen an uns vorbeigeführt. Sie sind totenbleich. Auf der Steppe unweit des Zuges gehen sie vor den Tschechen her. Der tschechische Führer sagt ihnen, sie sollten fortlaufen, gleichzeitig werden sie von den Tschechen von rückwärts zusammengeschossen. Sie stürzen auf den Boden, einer bewegt sich noch, ein Tscheche setzt ihm den Revolver vor den Kopf und auch er ist erledigt. Tschechen und Russen, auch Weiber und Kinder, sehen gleichgültig oder belustigt zu, ein Amerikaner in Uniform stolziert grinsend mit den Händen in den Hosentaschen herum. Uns stockt das Blut in den Adern über dieses gemeine Abschlachten guter Kameraden. Es wird kein Wort gesprochen, bleich und schwitzend sitzen alle auf ihren Bündeln. Warum waren unsere Kameraden erschossen worden? Einer hatte ein kleines Päckchen Tabak, das ihm hingefallen war, - angeblich absichtlich - zertreten, einer hatte einen Hundertrubelschein unter den Reitbesatz seiner Hose gesteckt, der dritte eine Hose zerrissen. Bei der Bevölkerung wurde verbreitet, bei den Erschossenen wären strategische Karten, Teile von Flugzeugen, Geldpressen gefunden worden.

Wir wurden gründlich ausgeplündert. Alles Geld über 60 Rubel und die "überflüssigen Sachen", auch Seife, Tee usw. wurden "beschlagnahmt". Auf einem Nebengeleise stand ein serbischer Flüchtlingstransport. Was die serbischen Weiber von unseren Sachen haben wollten, wurde ihnen von den Tschechen hinübergereicht. Mit unserem nunmehr sehr leichten Gepäck wurden wir in langer Kolonne, von Tschechen bewacht, ins Lager geführt. Die Niedergeschlagenheit war so groß, dass niemand daran dachte, die schmutzigen Erdbaracken erst sauber zu machen. Man legte sich einfach in den Dreck. Es war der 30. Juni. Wer bei dem Transport war, wird den Tschechen diesen Tag nie vergessen.

Am nächsten Tag bekamen wir nichts zu essen, am zweiten ein Stück Brot, am dritten etwas Kascha mit grünem Öl. Das Öl roch schlecht und war giftig. Trotzdem aßen viele in ihrem Heißhunger davon. Das halbe Lager bekam Fieber und Delirien, viele lagen infolge der Vergiftung in der Krankenbaracke.

Das Lager, ohne Zaun, war dicht mit tschechischen Posten umstellt. Aus den Baracken zum Abort durfte man nur einzeln gehen, täglich wurde gezählt, wenn jemand gefehlt hätte, wären zehn Leute aus der betreffenden Baracke erschossen worden. Hunger, tiefe Niedergeschlagenheit, Wut, Verzweiflung. Niemand konnte uns helfen.

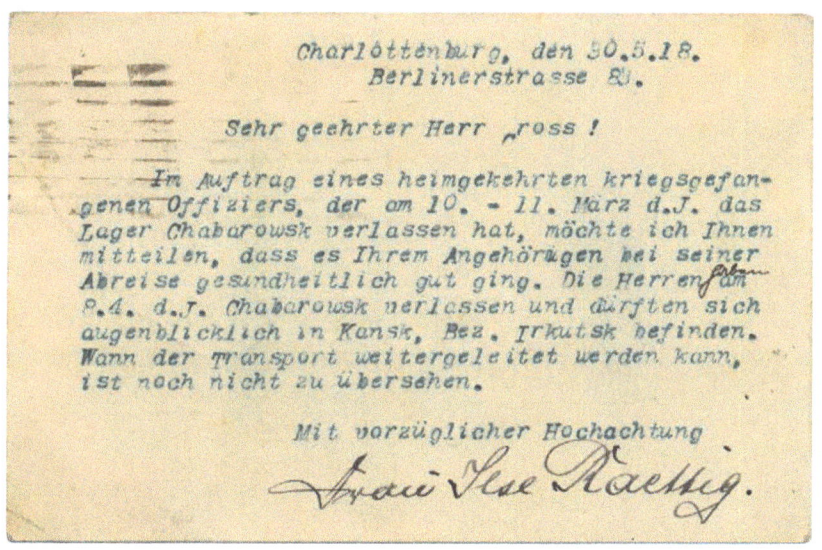

Mitteilung an die Familie durch Vermittlung des Schwedischen Roten Kreuzes

Allmählich gewannen die Russen etwas Einfluss auf die Tschechen. Die Küchen wurden einigermaßen instand gesetzt und in unsere Verwaltung gegeben. Die Russen lieferten die Lebensmittel. Monatelang gab es außer Brot nur Kascha, und immer wieder Kascha, morgens und abends. Wir durften, allerdings höchstens zu zweien, zwischen den Baracken bis Anbruch der Dämmerung spazieren gehen. Eines Tages fiel mir das verstörte Wesen meines Chabarowsker Boxkameraden, des Fähnrichs v. Klavé, auf. Hier schlief er auf der Pritsche unter mir. In der Nacht fing er erst an zu phantasieren, dann zu toben. Er war nicht zu beruhigen und kannte niemand mehr. Er war vollständig irrsinnig geworden und wurde nach Omsk gebracht, dort starb er kurz darauf. Fälle von Irrsinn traten damals häufig im Lager auf.

Öfters wurde das Lager nach Waffen und Metallgeld durchsucht. Die Machthaber, Tschechen und reaktionäre Russen, fühlten sich unsicher und gingen rücksichtslos und grausam gegen die leiseste Bewegung vor. Der bloße Verdacht bolschewistischer Gesinnung war Grund genug zur Todesstrafe, die ohne viel Federlesens von einem sogenannten Feldgericht, das aus Tschechen und vollständig unter deren Einfluss stehenden versoffenen und verkommenen Kosakenoffizieren bestand, verhängt wurde. Fast täglich wurde eine Anzahl, manchmal 20 oder 30 des Bolschewismus Verdächtige auf die Steppe geführt und erschossen oder von Kosaken mit dem Säbel niedergehauen. Die Verurteilten mussten sich vor der Hinrichtung ihr Massengrab selbst graben. Die Leichen lagen oft tagelang herum. Einmal kam einer, der nur verwundet worden war, im Schnee bis in die Nähe des Lagers gekrochen, die Posten sahen ruhig zu. Am anderen Morgen lag er erfroren draußen. Das Begraben war schließlich überflüssig, denn man hatte in die Eisdecke des Kanflusses ein Loch gehauen, in das die Leichen einfach hineingesteckt wurden. Bei noch nicht ganz Toten besorgte das eisige Wasser die weitere Arbeit. Es war ein Jammer, die halbbekleideten barfußen Verurteilten unter den Schlägen der Nagaika zur Richtstatt führen zu sehen. Das Vieh im Menschen feierte Orgien. Es war ein nervenzerrüttender, zermürbender Herbst und Winter 1918.

Gegen das Frühjahr hin gewann allmählich, wenigstens in Kansk, das gemäßigte russische Element an Einfluss. Der russische Oberst Matschalow wurde Lagerkommandant. Dieser hatte wenigsten keinen Hass gegen uns, eher ein gewisses Wohlwollen, weil er kein Tschechenfreund war. Wir durften uns nun im Lager und auf einem durch Strohwische bezeichneten Stück der Steppe am Lager bis zu dem etwa zwei Kilometer entfernten Fluss Kan frei bewegen. Im Übrigen kümmerte man sich wenig um uns, und wir begannen unser Leben im gegebenen Rahmen möglichst wenig unangenehm zu machen. Zuerst wurden die bei den einzelnen Plennis vorhandenen Bücher wieder zu einer Lagerbücherei vereinigt. Dann wurden von den Österreichern und Ungarn, die aus Daurien hierher und in der gegenüberliegenden, bisher unbewohnten Hälfte des Lagers untergebracht waren, ein Kaffeehaus und eine Kantine eingerichtet. Ein Turn-, Lern- und Leseverein richten sich eine leere Baracke für ihre Zwecke ein, eine andere leere Baracke wurde sogar in ein kleines geschmackvolles Theater umgewandelt. Auch eine Lagerkapelle entstand wieder. Wir bekamen von der Koltschakregierung[12] monatlich pro Nase 100 Rubel ausbezahlt, mit denen die Küchen wirtschaften konnten. Man ließ uns in Ruhe und - von dem ständigen Heimatdrange abgesehen - waren wir ganz zufrieden.

Postkarte aus Kansk vom 4. Februar 1919:

Meine Lieben!
Es geht mir gesundheitlich noch gut. Es wird jetzt allmählich etwas wärmer und die schlimmste Kälte scheint vorüber zu sein. Ich hoffe, dass Ihr noch alle wohlauf seid und dass wir uns noch in diesem Jahre wiedersehen.
Mit herzlichem Gruss!
Euer Hermann

---

[12] Der russische Admiral Koltschak riss, unterstützt von der Entente, ab Herbst 1918 zeitweise die Macht in Sibirien an sich und kämpfte mit seinen Truppen gegen die Rote Armee. Anfang 1920 wurde er von den Bolschewisten exekutiert.

Im Lager Kansk

Die russische Bauernregierung war mit der ultrareaktionären Koltschakregierung und den Mitteln, die sie zur Erhaltung ihrer Herrschaft anwandte, unzufrieden. Hier und da wurde von den Bauern die Lieferung von Brotgetreide verweigert. Strafexpeditionen, bei denen ganze Dörfer in Flammen aufgingen, waren die Folge. Besonders in der Gegend des etwa 100 km nördlich von Kansk gelegenen Tassiejew, wo sich Salzgruben befanden, waren andauernd Reibereien mit aufständigen Bauern, bei deren Unterdrückung keine Mittel gescheut wurden. Das Kansker Lager als Offizierslager erschien natürlich ungefährlich, zumindestens hielt man es für vollkommen neutral. Ich wohnte in einer Baracke mit meinem Freund Liebmann zusammen. Unter mir lag Oberleutnant Fischer aus Neunkirchen und Leutnant Strässle, auch der gemütliche junge Leutnant Brauer und andere. Es war eine ganz gemütliche Gesellschaft. Eine Skatgruppe bildeten Liebmann, Leo Meier, Grein "aus Hesse" und ich. Auch ein aus acht Herren bestehender Landsmannschafterabend tagte jeden Samstag bei Tee und Kaffee. Unsere Skatgruppe hielt auch sonst zusammen: Leo Meier gab uns Unterricht in Russisch, Grein ackerte mit uns das BGB durch. Bei Sami Rami Effendi, einem türkischen Oberleutnant, nahmen wir Unterricht in Türkisch.

Ein Sommertag 1919 verlief etwa so: Um 9 Uhr herum warf ich die Decke zur Seite und stand auf von meinem Strohsack, den ich aus einem Leintuch zusammengenäht und mit Steppengras ausgestopft hatte, wusch mich in dem braunen, nach Schwefelwasserstoff riechenden Wasser in meiner hölzernen Waschschüssel. Nachdem ich meinen Tee getrunken und ein Stück Brot oder Butterbrot gegessen hatte, nahm ich meine Schlafdecke unter den Arm und setzte mich in den Sonnenschein, ein Buch aus der Bücherei lesend oder Russisch lernend. Nach dem Mittagessen bummelte ich über die Steppe zum Fluss, badete und legte mich stundenlang in die Sonne. Im Sommer trug man im Lager nichts als "Minushosen" (kurze Hosen) mit oder ohne Hemd. Neben dem Lager hatten wir durch Umgraben der Steppe einen großen Garten angelegt, wo wir Gemüse für die Küche zogen und worin ich zeitweise arbeitete. Wir zogen dort schöne Gemüse, auch Tomaten, Gurken, Kürbisse und Tabak. Zur Pflanzenzucht hatten wir ein Mistbeet mit Barackenfenstern hergerichtet. Im Herbst veranstalteten wir in einer leeren Baracke eine richtiggehende Gartenbauausstellung, über die die russischen Besucher staunten. Sie konnten gar nicht begreifen, dass in ihrem Sibirien so schöne Sachen gewachsen waren. Nach dem Abendessen, um 6 Uhr, machte ich gewöhnlich einen Spaziergang, bei schlechtem Wetter spielten wir im Kaffehaus oder in unserer Baracke Skat oder lagen klönend auf der Pritsche.

Sonntags spielte die Lagerkapelle im "Waldcafé", einem an der Stelle des früheren japanischen Gefangenenlagers vom Russisch-Japanischen Krieg unweit unseres Lagers entstandenen Hain, der von uns mit Tischen und Bänken versehen war. Hierher kam auch die Kansker "Gesellschaft", Offiziere und Beamten mit ihren Damen. Das Plennilager war überhaupt die einzige Stätte der Hochkultur. Das Theater wurde immer von vornehmer russischer Welt besucht. Generäle, Beamte, reiche Kaufleute mit ihren Damen, sogar die höhere Töchterschule, überhaupt jeder, der etwas auf sich hielt, besuchte das Plennitheater und die Plennikonzerte. An jedem Spielabend hielt eine lange Reihe von Wagen oder Schlitten an der Theaterbaracke. Es wurden Opern, Operetten, Schauspiele und Schwänke gegeben und zwar in einer Güte, die hinter der eines kleinen gut geleiteten Provinztheaters nicht zurückzustehen brauchte. Der Kunstverein hatte sich natürlich wieder aufgetan und veranstaltete verhältnismäßig großzügig angelegte Kunstausstellungen. Es war ja alles im Lager: Kunstmaler, Musiker, Schauspieler, alle Berufe, alle Handwerke. In der Baracke des Turn-, Lern- und Lesevereins wurden fast allabendlich - wenigstens im Winter - Vorträge und Lehrkurse gehalten über die verschiedensten Gebiete. Ich hielt einmal einen Vortrag über "Schutzfarben und Schutzformen in der

Tierwelt". Über Langeweile hatten wir in dieser Zeit kaum zu klagen.

Die Koltschakregierung zog auf den Dörfern Rekruten ein. Die ganzen Kansker Backsteinkasernen zwischen den Lagern und der Stadt lagen voll. Die Rekruten wurden zu vieren "po tschetiri" auf der Steppe herumgeführt und sangen stundenlang in langsamem Marschtempo immer dasselbe Lied, das der Plenni folgendermaßen aus dem russischen Text in den deutschen umdichtete:
"Ras, Dwa, Tri, (eins, zwei, drei)
Ich bin ein großes Vieh,
Ich laufe auf der Steppe rum
Und singe mich ganz krumm und dumm".

Diese Gesellschaft bildete jetzt unsere "Bewachung". Meist noch in dreckiger Zivilkleidung oder mit einzelnen Uniformstücken standen sie auf dem das Lager umgebenden etwa eineinhalb Meter hohen Erdwall, hielten die Flinte mit dem aufgepflanzten Spieß - umgehen konnten sie damit noch nicht - fest und erbettelten von dem Plenni "Papirossi" (Zigaretten) und Machorka. Einmal ging ein starker Regen nieder. Nachmittags hatte er angefangen und währte bis in die Nacht hinein. Wir hatten uns schlafen gelegt und es war alles ruhig. Mein nervöser Nachbar Knobloch fährt aus dem Schlaf auf und sagt laut: "Es tropft!" Er rückt seine Bettstelle - solche hatten wir uns fast alle aus geklauten Brettern zusammengezimmert - etwas zur Seite und stellt die Waschschüssel unter. Wieder Ruhe. Da fängt unten einer mörderlich zu schimpfen an, weil ihm von oben Wasser auf das Bett geschüttet würde. Allmählich kommt Leben in die Bude. Alles guckt nach der Decke, von der es immer heftiger tropft. Solange das Wasser nur an einzelnen Stellen durchkommt, werden Waschschüsseln und Eimer untergestellt, aber schließlich tropft und rieselt es so munter, dass es keine Gegenwehr mehr gibt. Ich hatte erst meinen Strohsack einfach unter das Bett gelegt und hatte die Bettbodenbretter als Schutz, aber das Wasser lief durch, als es dicker kam. Alles war klatschnass, Strohsäcke, Kleider, Schuhe, Tabak, alles, alles.

Da sich die russische Lagerkommandantur wenig um uns kümmerte, herrschte im deutschen Teil des Lagers peinliche Ordnung. Beim deutschen Lagerkommandanten, Hauptmann Klein, kamen täglich zur bestimmten Zeit die Barakkenältesten oder deren Adjutanten zur Befehlsausgabe zusammen. Abends nach dem Essen wurden die Lagerbefehle bekanntgegeben, russische Zeitungen übersetzt verlesen, auch interessante briefliche Nachrichten aus der Heimat. Leutnant Weisdorf von den Saarbrücker Dragonern, der gut Russisch konnte, hatte den Zeitungsdienst unter sich. In jeder Baracke war der Reihe nach täglich einer Offizier vom Tagesdienst. Um 9 Uhr morgens wurde gelüftet und die Baracke ausgefegt. Dann war bis zum Essen um 12 Uhr Arbeitsruhe. Es durfte nicht laut gesprochen oder sonstwie Radau gemacht werden, damit man in Ruhe lesen konnte. Nach dem Essen wurde gelüftet und Mittagsruhe angesagt, man las oder schlief. Die Mittagsruhe dauerte bis drei Uhr. Um 5 Uhr gab es Teewasser und Abendessen, dann wurde wieder gelüftet, und man unterhielt sich und spielte, falls man Licht hatte, Skat oder Doppelkopf. Um halb 9 Uhr wurde wieder gelüftet und von 9 Uhr ab herrschte unbedingte Nachtruhe. Diese streng durchgeführte Ordnung war für Nervöse eine große Wohltat und trug viel dazu bei, dass die Disziplin nicht ganz verloren ging und dass die langen Wintertage erträglich waren.

Im Sommer badeten wir im Flusse Kan, der nicht weit vom Lager vorbeifloss. Dieser Fluss ist etwa dreimal so breit wie die Saar in Saarbrücken und hat klares, raschströmendes Wasser. Oft schwamm ich von unserer oberen Bewegungsgrenze, die durch einen Strohwisch markiert war, stromab bis zur unteren, was etwa eine halbe Stunde dauerte. Sonntags tummelten sich auch Russen auf einer von Traubenkirschen und Weidenbüschen bestandenen von einem toten Flussarm gebildeten Insel innerhalb unseres Bewegungsgebietes. Eines Nachmittags lag ich auf einer kleinen Insel und sonnte mich. Unterhalb badeten zwei Plennis, etwa 400 Meter entfernt. Ich lag auf dem Rücken im Sand und guckte in den blauen Himmel. Da höre ich Rufe und wende den Kopf dorthin. Der eine ruft einem über die Steppe zum Fluss kommenden Österreicher etwas zu und deutet in das Wasser. Ich gucke wieder ruhig in die Luft. Nach einer Weile sehe ich die beiden immer noch aufgeregt am Ufer. Dann geht der eine ins Wasser, der andere deutet immer in den Fluss. Ich denke, da muss doch irgendetwas los sein und gehe darauf zu. Der am Ufer ruft mir in österreichischem Dialekt zu: "Kommens rasch, daherinne liegt einer". Ich beeile mich, springe ins Wasser und fühle an der bezeichneten Stelle gerade noch mit den Zehenspitzen einen Körper. Ich tauche und bringe ihn ans Land. Mehrere Plennis kommen noch, ich mache Wiederbelebungsversuche, ziehe ihm die Zunge aus dem Mund, drücke Wasser aus dem kalten Körper und pumpe, dass mir der Schweiß herunterläuft und ich nicht mehr kann. Dann versuchen es andere. Vergeblich. Er ist tot. Etwa 20 Deutsche und Österreicher sind in dem Fluss mit seiner heftigen Strömung und seinen tiefen ruhigen Stellen ertrunken.

Die Briefpost funktioniert ganz gut, Pakete kamen keine an. Ich bekam verschiedene Briefe und Karten von zu Hause, die teilweise nur vier Wochen unterwegs waren. Schwester Elsa BRAENDSTRÖM vom Schwedischen Roten Kreuz, der Schutzengel der Plennis, besuchte das Lager öfters. Unter mancherlei Unannehmlichkeiten war sie durch die Tschechisch-Bolschewikische Front gekommen. Es tat wohl, wieder eine gebildete deutsch sprechende Dame mit immer heiterem Gemüt zu sehen.

Einmal war die Latrine verbreitet, es sollten Dampfer mit Kleidungsstücken den Jenissei heraufkommen und uns über das Eismeer mit nach Hause nehmen. Wie alle Latrinen, so fand auch diese gläubige Hörer. Mit den Kleidern sah es übel aus. Das Wenige, was uns die Tschechen gelassen hatten, ging langsam aber sicher in die Brüche. Im Sommer lief man einfach so ziemlich unangezogen herum, im Winter war es schlimmer. Meine Hose war so mit aufgenähten Flicken und mit Wolle zugestopften Löchern bedeckt, dass man ihre ursprüngliche Farbe nur noch an wenigen besonders geschützten Stellen erkennen konnte.

Ende des Sommers 1919 kam Pfarrer Wiese von einer "Seelsorgerreise" vom Irkutsker Lager zurück. Er hielt über die Reise einen Vortrag, verzapfte eine Anzahl saftiger Latrinen und lobte eine Einrichtung, die im Irkutsker Lager den Plenni über Wasser hält, sogar ein gewisses Wohlleben bei ihm hervorgerufen habe: die Heimarbeit. Die Lebensmittel waren durch die allmähliche Entwertung des Koltschakgeldes so teuer geworden, dass unser Gehalt kaum ausreichte, uns kümmerlich durchzuschleppen. Es war wieder die Zeit der ewigen Kascha gekommen. Geld mussten wir haben, die 100 Rubel monatlich reichten nicht mehr. Der Heimarbeitsgedanke fiel daher auf fruchtbaren Boden. Man stand zusammen und beriet, überall hörte man "Heimarbeit". Man fing erst an, schüchtern zu basteln und zu bosseln. Man schnitzte Spielsachen und strich sie bunt an, man stopfte Zigaretten usw. Die Sache machte Schule und griff immer weiter um sich. "Firmen" entstanden mit sauber durchgeführter Arbeitsteilung, eine "Heimarbeiterzentrale" tat sich auf, in einer besonderen Baracke wurde eine regelrechte Börse aufgemacht. Das Erwerbsfieber griff wie eine Krankheit um sich, brachte Unruhe und Hast, Übervorteilung und wirkte wie eine Seuche zerstörend auf den anständigen Charakter. In Tausendstückpackungen gingen Zigaretten, im Lager gemacht und mit ebenfalls im Lager durch Druck hergestellten Markenetiketten versehen, hinaus, Stiefelwichse, Zwirns- und Wollfaden, Notizbücher, Briefumschläge, Spahn- und Pappschachteln, Spiegel, Siegellack, Farben, maschinenmäßig hergestellte Holzpinnen für Sohlen, Parfüm, Seife, Bürsten, Stiefel, Ledertaschen, Bilderbücher, Holzeimer, Möbel, alles machte der Plenni. Die Russen freuten sich, dass sie für ihre Papierfetzen wieder etwas kaufen konnten, der leere Markt belebte sich, überall tauchte die Plenniware auf. In einsamen

Dörfern, Hunderte von Kilometern von der Bahnlinie entfernt, gab es Plenniware zu kaufen. Der Russe rieb sich vergnügt die Hände, und der Plenni murkste und bastelte. So war es nicht nur in Irkutsk und Kansk, so war es auch in allen übrigen Lagern. Resultat? Soziale Ungleichheit, der "erfolgreiche" Heimarbeiter schwelgte im Überfluss, der ehrliche Plenni, der zu stolz war, den Russen Zigaretten zu stopfen, lebte aufs Kümmerlichste. Der vorher noch vorhandene kameradschaftliche Geist beschränkte sich auf immer engere Kreise. Konkurrenzneid, Misstrauen, Übervorteilung wucherten. Die vorher gern ehrenamtlich geführten Ämter wurden jetzt bezahlt, natürlich, denn warum soll man umsonst für jemand etwas arbeiten, der durch Arbeit für andere viel Geld verdient und gut lebt? Auch der Küchenbetrieb wurde so verteuert, dass man, um auch nur dürftig zu leben, Geld verdienen oder aber von "kapitalistischen Heimarbeitern" pumpen musste. In der drückendsten Not malte ich bei einer Spielkarten"firma" zwei Tage in der Woche Spielkarten. Das reichte. Ich aß eben Kascha und trockenes Brot.

Meine Baracke war sehr stark belegt; um herauszukommen zog ich in eine andere zu Oberleutnant Fischer, Straessle, Brauer und Heinrich, die schon vorher hinübergezogen waren. Ich wollte mich auch von meinem alten Freund Liebmann, der immer nervöser wurde, trennen, um nicht schließlich noch Differenzen mit ihm zu bekommen. In der neuen Baracke war viel Platz. Eine Doppelpritsche war in der Holznot im vorigen Winter verheizt worden und somit war die eine Hälfte der Baracke frei. Dort standen selbstgezimmerte Tische und Bänke. Von der stehengebliebenen Doppelpritschenreihe brachen wir die untere Etage heraus, teilten die einzelnen Abteilungen mit Brettern ab, stellten unsere selbstgezimmerten Betten hinein und hatten so wieder kabinenartige Boxen, in denen wir zu je zweien schliefen. Ich aß mit Oberleutnant Fischer, Leutnant Straessle, Slevogt, Brauer und Heinrich an deren gemeinsamen Tisch in der Nähe eines der vier großen Backsteinöfen. Im Winter hockten wir um unseren

Tisch herum, lasen, latrinierten, spielten Skat oder Doppelkopp. Ich hatte gerade Karten gegeben, das Spiel begann. Mir wurde auf einmal ganz dammlig und ich fing plötzlich am ganzen Körper so an zu zittern, dass ich die Karten kaum noch halten konnte. Der Schweiß trat mir auf die Stirn und kalt lief es mir den Rücken herunter. Ich konnte das angefangene Spiel nicht mehr zu Ende spielen und schleppte mich zu meinem Strohsack. Alles tanzte mir vor den Augen. Zähneklappernd und vom Fieber geschüttelt lag ich im Bett. Das Fieber stieg so hoch, dass ich die Besinnung verlor. Klatschnass vor Schweiß erwachte ich wieder. Der Arzt konstatierte Malaria. Ich musste nun den ganzen Winter über alle paar Tage bitteres Chinin schlucken als Vorbeugungsmittel gegen Wiederkehr der Anfälle. Die Malaria trat damals ziemlich häufig im Lager auf. Man vermutete, dass wir bei unserem Aufenthalt in Minino durch Anopheles-Stechmücken infiziert worden seien.

Brief aus Kansk vom 3. September 1919:

Meine Lieben!
Vorgestern kamen drei Karten von Euch an, eine von Mutter vom 13. Juni, eine von Frieda vom 11. Mai und eine von Paula ohne Datum. Im ganzen habe ich von Euch sieben Karten aus diesem Jahre und einen Brief vom Herbst vorigen Jahres mit fünf Fotografien. Ich hoffe, dass Ihr inzwischen auch von mir einiges erhalten habt; denn ich habe immer geschrieben, wenn Gelegenheit dazu war. Es geht mir noch gut. Macht Euch bitte keine Sorgen um mich; denn es hat keinen Zweck und es nützt mir garnichts. Das Einzige, was vielleicht Wert hätte, wäre, immer wieder massenweise bei der Regierung zu bohren, dass sie sich um uns kümmert und Euch nicht mit leeren Versprechungen abspeisen zu lassen, wie sie zu Hause verzapft worden zu sein scheinen. Ich weiss natürlich, dass von Deutschland aus schwer unser Abtransport zu betreiben ist und hier in Sibirien spielt Zeit keine Rolle. Die Hauptsache ist, dass man diese Zeit überdauert und dazu bin ich, wenn die Verhältnisse nicht schlechter werden, als sie sind, kräftig genug. Gelegenheit zum Zusammenklappen und zum Draufgehen ist hier reichlich geboten, übertriebene Hoffnungen bezüglich meiner Heim-

kehr dürft Ihr Euch nicht machen, dann erlebt Ihr auch keine allzugrosse Enttäuschungen.

Allmählich wird es kalt und wir bauen für den Winter ein, dem wir, wie jedesmal, mit einiger Besorgnis entgegensehen. Ich habe genügend warme Kleidung und wenn wir Holz genug bekommen, wird es schon gehen. [...]

Schreibt mir fleissig und seid herzlichst gegrüsst von
Eurem Hermann

Als der Winter allmählich heranrückte, erklärten die Russen, dass sie uns nur wenig oder gar kein Brennholz für den Winter liefern könnten. Im vergangenen Winter hatten sie geliefert, aber so wenig, dass wir erfroren wären, wenn wir uns nicht in leerstehenden Baracken Bretter und Balken herausgerissen und damit eingeheizt hätten. Geld um Holz zu kaufen hatten wir nicht. Wir brauchten eine große Menge Holz zum Kochen für die Lagerküchen und zum Heizen der Erdbaracken. Kohlen oder anderes Brennmaterial gab es natürlich nicht. "Ja", sagten die Russen, "geben können wir euch nichts, aber ihr könnt euch ja draußen holen". Es wurden also einige losgeschickt, um einmal auszukundschaften, wo Holz zu holen sei. In der Nähe des Lagers floss ja der schönste Fluss zum Flößen, die teure Fahrerei konnten wir also gegebenenfalls sparen. Die Kundschafter zogen den Kan hinauf und bald schickten sie Nachricht, dass noch mehr nachkommen sollten. Es war das für mich eine willkommene Gelegenheit, aus dem Lager herauszukommen. Zu acht oder zehn fuhren wir auf zwei Pannjewagen fort flussaufwärts über Amanasch[13] und kamen gegen Abend des zweiten Tages in Komutowo an, wo schon das Floß der Kundschafterabteilung zur Abfahrt fertig im Fluss lag. In zwei leerstehenden Zimmern eines schönen zweistöckigen Blockhauses, in dem früher ein Kramladen war, quartierten wir uns ein. Das Holz, das wir brauchten, schlugen wir im Wald, das weitaus meiste aber erhielten wir auf einfachere Art: Es wurden

---

[13] vermutlich Amonash

alte abbruchreife Blockhäuser in dem großen Dorf aufgekauft, zusammengerissen und mit unseren mitgebrachten Pferden hinunter an den Fluss geschleift. Unter Führung eines eingeborenen Russen schlugen wir im Uferwald lange, möglichst gerade Stangen von Traubenkirschenbüschen, von den Russen "Tschernimuchi" genannt. Die Stangen mussten etwa drei bis fünf Zentimeter Durchmesser haben. Diese wurden jenseits des Kan am Nebenfluss Ogul gehauen und mit einem Kahn herübergebracht. Über einem Holzfeuer wurde jede Stange warm gemacht, das dicke Ende durch ein Loch eines am Ufer eingerammten Pfahles gesteckt. In der Hand hatte man einen Holzgriff, an dem eine lange Lederschlaufe befestigt war. Die Lederschlaufe wurde um das dünne Stangenende gelegt und fest herumgeschlungen. Nun ging man, indem man immer den Holzgriff drehte, spiralförmig um den Pfahl herum. Die Stange wurde dadurch gleichzeitig um ihre Achse gedreht und um den Pfahl gewunden. Wenn man mit dem Ende am Pfahl angekommen war, machte man kehrt und wickelte, indem man wieder zurückging, die nunmehr weich und biegsam gewordene Stange um den Leib, wand die Enden umeinander und hatte so einen Ring, der außerordentlich zäh war und den man auch mit starker Gewalt nicht auseinanderreißen konnte.

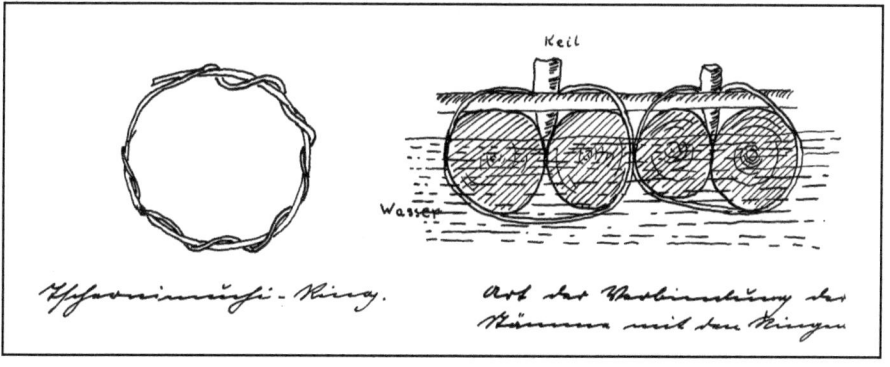

Skizze zur Konstruktion der Flöße. Beschriftung links: „Tschernimuchi-Ring". Beschriftung rechts: „Art der Verbindung der Stämme mit den Ringen".

An einer Uferbucht ohne Strömung wurden die Stämme ins Wasser gerollt und mit einer Stange mit scharfer Eisenspitze nebeneinandergerollt. Dreißig Stämme bildeten eine "Tafel". Über die Stammenden an den beiden Längsseiten wurde je ein dünner, zäher Birkenstamm gelegt. Mit einem Tschernimuchiring wurde je zwei über das Birkenstämmchen hinausragende Stammenden unter dem Wasser erfasst, der Ring mittels eines Hebels über das Birkenstämmchen oben herübergespannt und mit einem starken Keil festgeschlagen. Die Tafeln wurden dadurch sehr fest, aber die einzelnen Stämme blieben doch noch etwas beweglich, ohne Starre. Drei Tafeln wurden mit je zwei Tschernimuchiringen beweglich aneinandergehängt, weil sich das Floß den Biegungen und Windungen des hier schmalen und reißenden Flusses anpassen musste. Am Vorderende und Hinterende des Floßes wurde aus einem seitlich abgeplatteten Baumstamm ein schwerfälliges Ruder angebracht. Auf die Mitte der mittleren Tafel kam eine Sandschüttung zur Aufnahme des offenen Feuers zum Teekochen. Vier oder fünf Tage hatten wir zu tun, bis das Floß fertig war. Wir aßen bei einer jungen Frau, deren Mann noch in deutscher Gefangenschaft war. Ihr Vater, ein alter grauer Fischer, wohnte auch im Hause. Abends bummelten wir auf der Dorfstraße herum und trieben Scherze mit der erwachsenen Jugend. Es waren ganz nette Jungen und Mädels da. Besonders eine hob sich durch gutes Benehmen, Sauberkeit und europäisches Aussehen ab. Ihre Familie war vor den Bolschewiken aus dem Wolgagebiet geflohen, sie war jetzt seit einigen Wochen hier, ohne über den Verbleib ihrer Angehörigen zu wissen. Abends kamen öfters ein paar Burschen uns besuchen, spielten Ziehharmonika und führten mit den Dorfschönen russische Tänze auf. Der erst seit kurzer Zeit aus deutscher Kriegsgefangenschaft zurückgekehrte Nikifer, von uns kurzweg "Maikäfer" genannt, der uns beim Floßbau half, nahm den Fliegerleutnant Parschau, einen unglaublich schnotterschnauzigen Berliner und mich mit zu einem Dorfball. In einem leeren Blockhaus mit einer einzigen Stube saßen bei flackerndem, qualmendem öllicht die "Kavaleri" auf einer an den Wänden ringsherum laufenden Bank, jeder ein Mädel auf dem Schoß. Ein Ziehharmonikaspieler als einziger Musikant spielte schwermütige, monotone und wildverworrene Weisen. In der Stubenmitte ging ein Paar sich singend an der Hand haltend hin und her, der Kehrreim wurde von den anderen mitgesungen, oder es tanzten einige Paare zur gleichen Zeit. Parschau konnte seine Finger nicht davonlassen, jedenfalls fiel ein Mädel seinetwegen auf und es erhielt gleich dafür von seinem "Kavaler" eine gründliche "kalte Abreibung", ohne dass es auch einen Laut von sich gab. "Maikäfer" sagte uns, als wir eingreifen wollten, dass das weiter nichts zu bedeuten habe. Es ist bekanntlich gefährlich, sich in interne Angelegenheiten fremder Völker einzumischen, wir zogen es daher vor, uns baldmöglichst zu verrollen. Der Musiker bekam übrigens als Lohn nach jedem einzelnen Tanz von jedem der tanzenden Mädchen drei wohlabgezählte Küsse, die er ziemlich gleichgültig hinnahm.

Morgens um 9 Uhr wollten wir mit unseren Flößen den Fluss hinuntergondeln. Von den etwa 100 km bis Kansk wollten wir am ersten Tag die etwa 30 bis Amanasch, die übrigen etwa 70 am zweiten Tag zurücklegen. Alles war fertig. Zwei fahrwasserkundige Russen sollten mitfahren, einer war da, nur "Maikäfer" fehlte noch. Wir warteten und warteten, schließlich kam Maikäfer und sagte, dass er nicht mitfahren könne, da seine Frau schwer krank geworden sei. Schließlich fand sich ein anderer. Die Pflöcke, mit denen das Boot im Boden verankert war, wurden gelöst, und ziemlich schnell trieben wir den Fluss hinunter. Erst ging es ganz gut. Einmal gerieten wir in einen falschen Flussarm, weil die Russen erst die Gabelung erkannten, als es schon zu spät war, das Floß mit den schweren Rudern vorn und hinten in die richtige Strömung zu bringen. Wir fuhren auf Grund, konnten aber das Floß wieder mit einigen Anstrengungen flottmachen. Dann kam eine Stelle, vor deren Gefährlichkeit uns die Russen besonders warnten. Mit ungeheurer Stärke schießt dort der Fluss um eine scharfe Biegung, so dass das Floß um herumzukommen in sich gebogen werden musste, zwischen steilen Ufern durch. Von den Ufern hängen umgefallene Bäume und Sträucher herunter und können bei der Wucht der Stromschnelle alles herunterwischen. Wir kamen mit angestrengter Arbeit an den Rudern glücklich durch, nur ein Teekessel wurde heruntergewischt und verschwand im Wasser. Es war schöner Sonnenschein, ein prachtvoller Herbsttag und die Fahrt in ruhigem breitem Wasser zwischen den steilen Ufern und durch die Wälder ein Genuss. Infolge der stundenlangen Verzögerung bei der Abfahrt kamen wir erst bei Anbruch der Dunkelheit bei Amanasch an, legten das Floß fest und nächtigten dort. Früh am Morgen, noch ehe es recht hell war, gondelten wir wieder ab. Morgens ging es gut, dann begann ein Regen, der bald in einen heftigen Sturm ausartete. Der Wind peitschte von der Steppe her, wühlte den Fluss auf, trieb die Wellen übers Floß und drückte uns so stark gegen das Ufer, dass wir unmöglich weiter konnten. Wir legten das Floß mit großer Mühe am Kiesufer fest und hockten im strömenden Regen am Feuer im Ufergebüsch. Wir fürchteten, klatschnass um das Feuer liegen zu müssen. Aber der Sturm flaute bald ab, und wir fuhren weiter. Es war schon dunkel, als wir bei Kansk ankamen und das Floß oberhalb der Eisenbahnbrücke, durch die man bei Dunkelheit nicht fahren durfte, festlegten. Wir übernachteten im Lager und brachten dann, unter der Brücke durch von einem tschechischen Wachtboot begleitet, das Floß bis unterhalb des Lagers, von wo das Holz ins Lager geschleppt wurde.

Brief aus Kansk vom 5. November 1919:

Meine Lieben!
[…] Es freut mich sehr, dass Ihr noch Alle wohlauf seid und ich hoffe Euch auch – vielleicht erst nach Jahren – gesund wiederzusehen. Mir geht es, soweit man in unserer jetzigen Lage überhaupt davon reden kann, leidlich gut. Im September war ich mit einigen anderen Herren zehn Tage lang in einem Dorf achtzig Kilometer flussaufwärts, von

wo wir Brennholz für den langen Winter herunterflössten. [..] Vorgestern kehrte ich von einer Fahrt über Land, die fünf Tage dauerte und auf der wir in einem vierzig Kilometer entfernten Dorf Schlachtvieh für den Winter einkauften und durch den Schnee zurücktrieben, zurück. Solche Touren bringen etwas Abwechslung in das öde Lagerleben in den verschneiten Erdbaracken und bei der „Heim"-kehr ist man ordentlich an Körper und Geist erfrischt. Ich gedenke aber während des Winters nicht mehr hinauszugehen, da meine Kleidung bei der zuletzt eingetretenen Kälte doch zu leicht ist und ich bei der grossen Teuerung nicht daran denken kann, mir Filzstiefel und Pelzmantel zu kaufen. Aus Briefen, die Herren bekommen haben, geht hervor, dass zu Hause Zeitungsnachrichten verbreitet werden, in denen steht, dass wir von den Amerikanern übernommen seien. Es kann sich dabei nur um die wenigen alleröstlichsten Lager handeln. Bei uns hat sich bisher weder ein Amerikaner sehen lassen, noch haben wir von dorther irgendeine Unterstützung oder Förderung erhalten, die doch dringend nötig wäre. Ausser dem Schwedischen Roten Kreuz, das auf die aufs kümmerlichste von der Reichsregierung zur Verfügung gestellten Mittel angewiesen ist, kümmert sich niemand um uns und wenn die Russen einmal, was bei den jetzigen Zuständen nur zu wahrscheinlich ist, versagen, kann sich die Reichsregierung die Kosten für unseren Abtransport ersparen. Hoffen wir das Beste!
Herzlichsten Gruss!
Hermann

Es war jetzt anfangs Oktober und daher höchste Zeit, die Baracken für den Winter herzurichten. Der Erdbelag des Daches wurde durch Aufschüttung verstärkt, die seitlichen Erdanschüttungen zwischen den niedrigen Fenstern erhöht, von den sechs Eingängen der Baracke fünf zugenagelt und ebenfalls mit Erde verschüttet, sämtliche Risse, Ritzen und Fensterfugen mit Lehmbrei verschmiert. Nach etwa achttägiger Arbeit waren wir soweit, dass kein Lüftchen mehr durchkonnte. Dann wurde das herangeflößte Holz kleingemacht und aufgeschichtet. Es wurde kalt, der Schnee fiel, der lange sibirische Winter hatte begonnen. Tagsüber saß ich in der Baracke und las, oder wir spielten Karten. Bei schönem Wetter, wenn es nicht gar zu kalt war, ging ich über die Steppe zum meterdick zugefrorenen Fluss spazieren. Abends saß ich im Kaffeehaus an einem als ultrakonservativ verschrieenen Stammtisch mit meistens älteren Herren zusammen und rauchte meine von einem deutschen Matrosen aus einem Stück Traubenkirschenholz geschnitzte Machorkapfeife. Streichhölzer waren teuer und da wir lauter Nichtheimarbeiter waren, wurde die Pfeife mit Feuerstein, Stahl und Zunder in Brand gesetzt. Wir tranken Tee, erzählten uns etwas, latrinierten und qualmten. Ich ging auch öfters in Vorträge in die Lesebaracke, seltener ins Theater, weil das Geld kostete. Zeitweise hatten wir 50 Grad Kälte (Celsius). Man konnte dann nur mit verwickelten Nasen und Ohren herumgehen. Leuten, die nur zur vierten oder fünften Nebenbaracke ohne Ohrenschutz gegangen waren, froren die Ohren hart. Bei starkem Wind wurde der staubfeine Schnee auf der Steppe aufgeweht, und es ging ein Schneesturm über das wie hingeduckt daliegende Lager, in dem man kaum zwanzig Meter weit sehen konnte, hohe Schneewehen entstanden auf den windabgelegenen Barackenseiten. Bei Windstille und Sonnenschein konnten wir verschiedene Male das interessante Schauspiel der Haloerscheinung sehen. Vertikal um die Sonne und horizontal am Horizont sah man ein regelmäßiges System von regenbogenfarbigen und weißen Kreisen, und dort, wo sich diese Kreise schnitten, erschienen helle Spiegelbilder der Sonne, sogenannte Nebensonnen. Die Erscheinung entsteht durch Brechung der Sonnenstrahlen in staubfeinen durch die Luft rieselnden Eiskristallen.

Koltschak, ein ehemaliger zaristischer Admiral, jetzt Herrscher in Sibirien, hatte sich bisher noch gut gehalten. Er war von Japanern, Amerikanern und anderen Ententevertretern, besonders aber von den massenhaft in Sibirien sich aufhaltenden übergelaufenen Tschechen unterstützt worden. Jetzt begann er abzuwirtschaften. Die Tschechen wollten nun auch einmal endlich nach Hause, und wir waren der Ansicht, dass man uns nur noch ihretwegen festhielt, damit sie nicht noch unzufriedener wurden. Nach Osten über Japan wäre für uns der Weg freigewesen, der Pufferstaat, der sich im Fernen Osten von Chabarowsk-Wladiwostok bis Tschita gebildet hatte, hätte uns wohl, da er ganz unter japanischem Einfluss stand, und ja schon über ein Jahr der Kriegszustand mit Deutschland beendet war, durchgelassen. Es schwirrten alle möglichen Heimfahrtsgerüchte: sämtliche Lager im Osten seien von den Japanern übernommen worden und bereits größtenteils zu Schiff auf der Heimreise. Wir kämen auch dran, sobald es etwas wärmer würde, augenblicklich sei kein Heizmaterial da usw. Das Omsker Lager sei bereits durch die Bolschewikenfront infolge eines besonderen Übereinkommens nach Westen abgefahren. Im europäischen Russland sei kein einziger Plenni mehr, alles hätten die Bolschewiken nach Hause geschickt usw. In Wirklichkeit war natürlich kein wahres Wort daran, aber der Normalplenni glaubte es. Einige versuchten nach Osten zu Semjonoff, einem Heerführer in der Gegend der Mandschurei, von dem gesagt wurde, dass er ein Deutschenfreund sei, zu gelangen, um von dort aus China oder Japan zu erreichen.

Bei den russischen Soldaten in den Steinkasernen wütete eine Typhusepidemie. Sie starben in Mengen. Jeden Tag wurde ein Wagen, mit gefrorenen Leichen beladen, nach dem Friedhof ins Massengrab gefahren. Wir stellten an den Lagereingängen Posten auf und hatten von der russischen Kommandantur die Erlaubnis, keinen hereinzulassen, der nicht ins Lager gehörte. Alle nur möglichen Vorsichtsmaßregeln wurden getroffen. Bei der geringsten Fiebererkrankung musste der Lagerarzt geholt werden, am Brot mussten die Rinden entfernt oder geröstet werden, ungekochtes Wasser zu trinken war verboten, die Aborte wurden täglich mit Chlorkalk gespritzt. Trotzdem starben einige - wie übrigens jeden Winter - an Typhus, auch unser Lagerarzt Dr. Bauer. Wir bekamen bestimmte Nachricht, dass das Lager Petropawlowsk westlich von Omsk in diesem Winter halb ausgestorben sei, weil der russische Lagerkommandant nicht nur keine Gegenmaßnahmen traf, sondern sogar Gegenmaßnahmen, die die Gefangenen selbst treffen wollten, verhinderte. Wenn der Typhus in den dicht belegten, schlecht belüfteten Erdbaracken einmal um sich gegriffen hat, ist kaum noch etwas dagegen zu machen, und die vielen langen Kreuzreihen der Plennifriedhöfe starren wie Kläger aus sibirischem Schnee. Ein großer Vorteil für unser Lager war, dass wir in diesem Winter völlig läusefrei waren, wenn es auch vor Flöhen in den Baracken nur so wimmelte. Man konnte fangen, so viel man wollte, immer wieder krochen neue aus den Dielenritzen hervor.

Die Koltschakarmee bekam, wie gesagt, Prügel. Die Stimmung bei den Russen wurde unruhig, der Wert des Koltschakgeldes sank rapide. Die Heimarbeiter fanden für ihre Ware nicht mehr den früheren lebhaften Absatz, für unsere 100 Rubel Monatsgehalt bekamen wir fast nichts mehr, und wir hungerten einmal wieder. Die immer geringer werdende Entfernung zu den Bolschewiken färbte mehr und mehr auf das Lager ab, man begann sich wieder umzustellen, "sich nach links zu orientieren". Zunächst war das deutsche Lagerkommando unter Hauptmann Klein, das streng auf Ordnung hielt, zu "militaristisch" und daher unbequem. Es gab eine Art Lagerrevolution, und das deutsche Lagerkommando musste ohne "blutigen Zwischenfall" zurücktreten. Der österreichische Lagerkommandant, Oberstleutnant Hoffmann, ein richtiger wachsweicher Österreicher, wurde "Lagerältester". Dann wurde ein Komplott geschmiedet, als dessen Ergebnis ein vom Lager gewählter "Lagerrat" auf der Bildfläche erschien. Als eine der ersten Amtshandlungen des Lagerrates wurde ein zwischen den Russenkasernen stehendes Blockhaus angekauft - natürlich auf Kosten des Lagers - und mitten im Lager aufgestellt. Wir hatten somit ein richtiggehendes "Ratshaus". Der Lagerrat herrschte viel autokratischer als das alte Kommando, aber es ging, denn die "Mitteilungen des Lagerrates" waren ja nicht die "Befehle des Kommandos". Der Normalplenni hatte seinen Willen.

Die allgemeine Verlotterung machte schnell Fortschritte. Offiziersburschen gab es nicht mehr. Alte Hauptleute mussten ihr Waschwasser selbst aus dem

Ziehbrunnen heraufhanteln und ihr Essen aus der Küche holen. Auch die Barackenkommandanten waren abgesägt, in jeder Baracke war ein Vertreter des Lagerrates. Das Theater ging allmählich aus Geldmangel ein. Die Lesebaracke musste für typhuskranke Russen geräumt werden, Vorträge und Kurse hörten auf. Es blieben uns noch die Bücherei und das Kaffeehaus. Vor der Abfahrt der Tschechen nach Osten kaufte der Lagerrat von ihnen einen Posten Kleidungsstücke. Ich erstand mir davon eine Bluse und eine Hose, durch die ich meine alte zerlumpte ersetzte. Meine Feldbluse und Reitstiefel verkaufte ich, um mir Lebensmittel und Machorka zu verschaffen. Die Bolschewiken rücken vom Westen näher, die Aufständischen von Tasjejeff[14] machten Druck von Norden. Tschechen und Russen gehen zurück. Bald müssen die Bolschewiken Kansk erreichen. Wird es uns bei ihnen besser ergehen? Werden sie uns endlich nach Hause lassen?

Unter den Bolschewiken

Die Bolschewiken kamen. Das letzte tschechische Regiment hatte den Kansker Bahnhof auf der Fahrt nach Osten verlassen. Die Aufständischen von Tasjejeff waren in Kansk eingezogen. Es waren auch noch Koltschaktruppen da, Kosaken und Infanterie. Das russische Lagerkommando hatte sich stillschweigend ohne Sang und Klang verrollt. Wir benutzten die Gelegenheit, um den Rummel in der Stadt eingehend anzusehen. Es wimmelte auf den Straßen alles durcheinander: Koltschakische Kosaken auf ihren dürren, struppigen Kleppern, Tasjejeffer Bolschewiken mit blutroten Schleifen und Kokarden. Sie gingen umeinander herum wie rauflustige Hunde, die sich voreinander fürchten. Es war ein Übereinkommen getroffen worden, dass die Koltschaktruppen ohne Kampf nach Osten abziehen sollten, sobald die ersten "echten" Bolschewiken von Westen ankämen. Dieses Kansker sibirische Gleichgewicht dauerte zwei oder drei Tage.

---

[14] vermutlich der Fluss Tassejewa

Der wohlhabende Teil der Bevölkerung benutzte die Zeit, sich vor den Bolschewiken nach Osten dünn zu machen.

Als ich morgens in der Baracke saß und las, kam Heinrich aufgeregt herein und rief: "Wachtmeister, komm mal schnell raus!" Er nahm mich im Laufschritt mit nach der Südseite des Lagers, von wo aus man die etwa zwei Kilometer entfernte Eisenbahnlinie sehen konnte. Zwei Panzerzüge fuhren dort mit etwa drei Kilometer Abstand hintereinander her, langsam, schön langsam, und befunkten sich gegenseitig mit Kanönchen, ebenfalls schön langsam mit einzelnen Schüssen. Der Towarisch schien gar nicht so schlecht zu schießen, jedenfalls war der Koltschakzug nach einer Weile still und verrollte sich schleunigst. Der Towarisch funkte munter hinterher und erwischte ihn schließlich, so dass er gerade vor dem Bahnhof liegen blieb. Man sah nun von Westen her über die Steppe eine lange, dünne Schützenlinie langsam sich nähern, dann kamen stärkere Kolonnen. Sie zogen auf dem Feldweg dicht an dem Lager vorbei und winkten uns zu. Wir riefen ihnen "strastwuitje Towarischtschi" zu. "Towarisch" ist die offizielle Anrede der Bolschewiken, wie sich sonst die deutschen Roten mit "Genosse" anreden. Eine andere Anrede kennt der Bolschewik überhaupt nicht. Ob Mann oder Frau, Greis oder Lausbub, Präsident der "Ruskaja Federatiwnaja Sowjetskaja Res Puplika" oder gewöhnlicher Arbeiter, Divisionsgeneral oder krummer Rekrut, alles ist Towarisch. "Towarische" nannten wir auch die Bolschewiken in ihrer Gesamtheit. Der letzte Koltschakianer hatte sich also verzogen und die Towarische rückten ohne Schwertstreich in Kansk ein. Wir waren voller Hoffnung, da uns ja jetzt keine Kampffront im Westen mehr im Wege stand und die Bolschewiken ja wohl kein Interesse daran hätten, uns noch länger festzuhalten.

Zunächst hörte man einmal ein paar Tage gar nichts. Ein Lagerkommando gab es nicht, wir liefen herum, wo wir wollten. Schließlich kam eine Mordsproklamation: Die Zeit der Knute sei vorbei, Kriegsgefangene gäbe es nicht mehr, wir seien freie Bürger der Sowjetrepublik, könnten uns frei bewegen, nur dürften wir nicht aus Jenisseigubernium und aus dem Kansker Kreis heraus. Wir waren also fein heraus, nicht wahr? So dachten wir auch, aber "Ihr seid freie Bürger" hieß mit anderen Worten: "Wir geben Euch nichts mehr, seht zu, wie Ihr durchkommt" Kansk war ein Nest von etwa 15 000 Einwohnern, ohne Industrie, ohne Handel. Privatunternehmen gab es natürlich bei den Bolschewiken nicht, staatliche damals auch noch nicht, wo sollten die 2000 Plennis nun plötzlich Arbeit finden, um ihren Lebensunterhalt zu verdienen? Das Koltschakgeld wurde einfach "annulliert", die 200 Rubel, die ich noch von meinem Stiefelverkauf übrig hatte, galten nichts mehr. Glücklicherweise hatte die Küche noch einen Vorrat von Kascha und Mehl. Als dieser zur Neige ging, wandte sich der Lagerrat an die Russen um Weiterlieferung von Lebensmitteln. Der Towaresch hatte absolut kein Verständnis dafür, erklärte sich aber nach langem Hin und Her und gutem Zureden bereit, Kascha und Mehl zu liefern. Die Rationen waren sehr knapp, blieben manchmal tagelang aus. Wenn wir um Nachlieferung baten, erklärte der Towaresche einfach: "Ihr seid ja so durchgekommen, warum dann nachliefern?" Mittags gab es etwas Kascha, abends Kleiesuppe, die man nur mit Mühe hinunterwürgen konnte, dazu ein Stück Brot, manchmal auch gar keins. Wir litten bitteren Hunger. Im Lager hatte sich immer eine Menge herrenloser Hunde herumgetrieben. Die verschwanden jetzt nach und nach. An einer Barackenecke stand der Plenni, mit einer Hand einen Strick auf der Rückseite versteckt haltend, mit der anderen durch Pfeifen und gutes Zureden in deutscher, ungarischer oder russischer Sprache einen Hund heranlockend, der mit eingezogener Lunte und misstrauisch sich umsehend schleunigst um die nächste Barackenecke verduftete. Früher waren die Hunde so zutraulich, ließen sich von jedem streicheln und liefen mit spazieren, jetzt nahmen sie schon von weitem Reißaus. Trotzdem entgingen nur einzelne dem Kochtopf. An einer Erdhütte waren einige Pferde angebunden, klapperdürr, dämpfig, zitternd, mit eiternden Wunden, ließen die Köpfe hängen und hielten sich nur mit Mühe auf den Beinen. Ein paar Stunden später standen Hunderte hungriger Plennis in unendlicher Reihe und warteten auf die Pferdewurst. Die letzten mussten immer, nachdem sie zwei oder drei Stunden gestanden hatten, leer abziehen. Etwas Bolschewikengeld hatte man sich durch Verkauf an Towaresche verschafft. Mit den gelieferten Lebensmitteln, "Bajok" genannt, allein wäre man glatt verhungert.

In diesem Milieu begann die rote Propaganda. Es kam ein Befehl, am Nachmittag um drei Uhr finde ein Vortrag über die Heimtransportfrage statt. Der Plenni drängte sich, die Kaffeehausbaracke war so voll, dass kein Stein zu Boden fallen konnte, die meisten kamen gar nicht mehr herein. Mehrere "Internationale" erschienen, ehemalige Plennis, die in eines der internationalen Bataillone eingetreten waren. Einer hielt eine stundenlange Rede in ungarischer Sprache, dann einer in deutscher. Mit großem Aufwand an Stimme und Gesten schimpfte er in wüsten Ausdrücken über die blutsaugenden Kapitalsbestien, die sich vom Schweiße und Blut der geknechteten Arbeiter mästen, über die feldgrauen Hurrabestien, die das arme internationale Proletariat zur Schlachtbank geschleppt hätten. Mit viel Kraftaufwand und Fanatismus pries er dann den befreienden und gleichmachenden Bolschewismus, den Zusammenschluss des Weltproletariats und forderte zum Eintritt in die Rote Armee auf. Es lag auch schon gleich eine Liste auf, in die man sich eintragen lassen konnte. Den "Internationalen" ging es sehr gut, dem Plenni aber hundeschlecht. Es trugen sich denn auch einige, besonders Ungarn, in die Liste ein, kein einziger Deutscher. Auf die schüchterne Frage, wann wir denn nun abtransportiert würden, wurde erklärt, dass das wohl noch unbestimmte Zeit dauere, weil zuerst die Lager im Westen drankämen.

Diese Propagandaversammlungen, die alle ungefähr denselben Verlauf nahmen, wurden oft wiederholt, aber immer weniger besucht. Die "Internationalen" machten auch "Keilbesuche" in den Baracken und hatten schließlich den Erfolg, dass einige Deutsche, sogar Offiziere, allerdings sehr minderwertige, die lediglich aus materiellen Gründen handelten, übertraten.

Es war außerordentlich übel im Lager. Das Hungern hielt ich auf die Dauer nicht aus, ich fühlte, wie ich schwächer und schwächer wurde. Die Rote Propaganda und das mehr als widerliche Gebahren der Internationalen verekelten mir das Leben. An einem Morgen, als ich noch auf dem Strohsack lag, kam ein Bauer in die Baracke, der zwei Arbeiter suchte. Er war aus Komutowo, wo wir zum Flößen gewesen waren, machte einen guten sauberen Eindruck, versprach gute Verpflegung, Arbeitskleider, insbesondere Stiefel und 300 Rubel monatlich. Wir wurden einig, ein Offiziersstellvertreter Steinchen, Gutsbesitzer in Schlesien, wollte auch mit. Mittags um ein Uhr holte der Bauer uns und unser Gepäck in zwei Schlitten ab. Er versprach auch, uns nach Beendigung der Arbeit ins Lager zurückzufahren. Auf den Dörfern war noch überall Typhus, davor hatte ich Respekt. Der Bauer sagte aber, Komutowo sei von der Seuche frei.

Wir fuhren also mit unseren Schlitten mit den flotten Pferdchen unter der Duga, dem bei den Pannjewagen und Schlitten üblichen Deichselbogen, hinaus in den klaren, weißen Wintertag über die Steppe flussaufwärts. Ich unterhielt mich mit meinem nunmehrigen Brotgeber, so gut es bei meinen Sprachkenntnissen ging. Steinchen konnte, außer ein paar aufgeschnappten Brocken, kein Russisch. Gegen Abend kehrten wir in einem Dorfe in einem Bauernhause ein, tranken Tee und aßen Palatschinki und Weißbrot. Die Frau, die uns das Zeug zurechtmachte, ging von Zeit zu Zeit ins Nebenzimmer. Einmal sah ich durch die Tür, dass sich dort ein Mann auf einem Lager wälzte und dachte, es sei ein Betrunkener. Als die Frau wieder herauskam, fragte ich, was dem Mann fehle, "Tüf", antwortete sie wie selbstverständlich. Typhus also! Mir blieb der Bissen im Halse stecken. Das Weib hatte an dem Typhuskranken herumhantiert und uns zwischendurch, ohne die Hände zu waschen, natürlich mit den Fingern das Essen zurechtgemacht. Der Schweiß trat mir auf die Stirn, aber ich aß weiter, denn es war ja nun doch zu spät. Steinchen sagte ich noch nichts davon, um ihm den gesunden Appetit nicht zu verderben.

Weiter ging es. Es wurde dunkel. Wir fuhren über die Steppe und durch Wald, auch stundenlang auf dem Eise des zugefrorenen Flusses. Es war sehr kalt. Um mich zu erwärmen, lief ich streckenweise neben dem Schlitten her. Der Mond stand weiß am Himmel, Wölfe heulten in der hellen Winternacht. Sonst tiefe Stille, von Pferd und Schlitten hörte man nichts im weichen Schnee. Ich fror und wurde müde. Es mochte drei Uhr nachts sein, als wir Komutowo erreichten. Wir fuhren ins Gehöft, die Pferdchen, die 14 Stunden lang mit etwa halbstündiger Rast vor dem schweren Schlitten fast den ganzen Weg getrabt waren, wurden ausgespannt und mit hohem Kopf an einen Zaun gebunden. Sie waren klatschnass vor Schweiß. Nicht zugedeckt, ohne etwas zu fressen oder zu saufen bekommen zu haben, standen sie so in der grimmigen Kälte bis zum nächsten Morgen im Freien. Die junge Bäuerin gab uns zu essen und Tee, und wir legten uns, mit einem Schafspelzmantel zugedeckt, auf den Stubenboden zum Schlafen. Es waren vier Frauen und drei Männer im Hause. Wir suchten auszuknobeln, in welchen verwandtschaftlichen Beziehungen sie zueinander stünden: zwei ganz alte, offenbar die Eltern unseres Brotgebers, ein kräftiges, dunkelhaariges Weib, wohl die Mutter der Bäuerin, Bauer und Bäuerin, ein taubstummer Mann, ein etwa vierzehnjähriges Mädchen, Schwester der Bäuerin, ein ewig schreiendes etwa einjähriges Kind. Mit Steinchen und mir saßen wir also zu zehnt um den Tisch herum. Mit Steinchen sägte ich Birkenholz oder dicke Fichtenstämme, fuhr selbige mit dem Schlitten aus dem Wald heran, öfters gondelte ich auch mit meinem Bauer oder dem Taubstummen mit mehreren Schlitten den Nebenfluss Ogul hinauf von einem großen Schober Heu oder Korngarben holen. Das Korn wurde mit einem Göbel gedroschen, nachdem die Garben in einer kleinen Blockhütte geröstet waren. Das Gehöft lag unmittelbar am Fluss. In das Eis war ein Loch gehauen, zu dem ich morgens und abends hinfuhr, um ein großes Fass Wasser für das Haus und zum Viehtränken zu holen. Wir hatten acht Pferde, sechs Kühe, mehrere Schweine und etwa zwanzig Schafe.

Steinchen, der Taubstumme und ich schliefen auf dem Stubenboden, die beiden Alten auf dem großen gemauerten Ofen, die übrigen auf zwei Bettstellen in der Kammer. Andere Räume hatte das Haus nicht. Noch ehe es hell wurde, machte sich die Bäuerin am Herd zu schaffen. Sie backte Kalatschi (Weißbrotkringel) jeden Morgen frisch. Wenn die Sonne herauskam, standen auch wir auf und wuschen uns vor der Haustür in unseren Waschkübeln. Die Russen machten das - wenn überhaupt - viel einfacher. Sie nahmen den Mund voll Wasser und ließen es dann, sich damit über das Gesicht reibend, langsam wieder heraus. Zweimal am Tage gab es Tschai, Tee mit Milch und Kalatschi, zweimal Hauptmahlzeiten. Ein Kübel Kohlsuppe, "Schtschi", wurde mitten auf den Tisch gestellt, jeder nahm einen Holzlöffel in die eine Hand, ein Stück des immer tadellos frisch gebackenen Weißbrotes in die andere, vor den "Ikoni", den Heiligenbildern, wie sie in der Ecke jeder Russenhütte hängen, wurde ein Kotau gemacht, und ein allgemeines Gelöffel und Geschlürfe begann. Dann kam eine Schüssel mit Bratkartoffeln und Eiern oder Ähnliches. Als "gesegnete Mahlzeit" wurde kräftig und überzeugend gerülpst zum Zeichen, dass man gesättigt war. Der große, blanke Messingsamowar, das Prunkstück des russischen Hauses, war immer gebrauchsfertig. Abends nach dem Essen wurde die Machorkapfeife angezündet, und wir unterhielten uns beim Schein der Ölfunzel mit den Russen, so gut es ging. Am wenigsten anstrengend war die Unterhaltung mit dem Taubstummen. Durch bloße Zeichensprache erzählte er mir und ich ihm alles Mögliche. Besonders gefiel ihm meine Erzählung über moderne Landwirtschaft mit Motorpflug, Dampfdreschmaschine, Melkmaschine, Motorsäge usw. Er wollte immer mehr davon "hören", so dass ich schließlich gezwungen war, die wildesten Münchhausiaden über allermodernste Technik aufzutischen. Er wäre zu gerne in Deutschland gewesen, wo man nur mit der Zigarette im Mund den alles arbeitenden Maschinen zuzusehen braucht.

Es kamen noch mehrere Herren des Lagers nach Komutowo zum Arbeiten. Im Dorf war noch Typhus, Marx bekam eines Tages Fieber, und wir waren in Angst, dass er infiziert sein könnte. Das Fieber aber verschwand wieder. Steinchen und ich wurden mit unserem Bauer unzufrieden. Die versprochene Arbeitskleidung gab er uns nicht. Auch von der vereinbarten absoluten Sonntagsruhe wollte er nichts wissen. Unsere Kleider, besonders die Schuhe, litten bei der Arbeit im Schnee sehr. Als wir deshalb dem Bauer heftig zusetzten, gab er uns unseren Lohn, und wir waren damit entlassen. An sein Versprechen, uns nach beendigter Arbeitszeit nach dem Lager zu fahren, konnte er sich nicht mehr entsinnen. Wir gingen zum Dorfsowjet und beschwerten uns, aber ohne Erfolg. Mit einem Bauer vereinbarten wir, dass er uns ins Lager befördern solle, nachdem wir einen Holzstoß, der in seinem Hofe lag, zusammengesägt hatten. Wir schafften unser Gepäck hin und wollten anfangen. In drei Tagen wären wir wohl fertig gewesen. Da kam der Bauer und erklärte, dass wir das Holz nicht nur zersägen, sondern auch spalten und aufsetzen müssten. Wir sagten dies schließlich zu, da wir ja bei der Kälte und dem Schnee unmöglich mit dem Gepäck den etwa 100 km weiten Weg nach Kansk zurücklegen konnten. Als wir gerade angefangen hatten, kam der Bauer wieder und stellte nunmehr die Forderung, auch noch einen Stoß Stämme zu zersägen. Wir warfen die Säge hin, packten unser Gepäck auf und gingen ohne ein Wort davon. In unserer üblen Lage gingen wir weiter getrennt nach Arbeit suchen, von Haus zu Haus, stundenlang.

In der Abenddämmerung saß ein einsamer Plenni auf einem Eisblock an einem Wasserloch des Kahnflusses, verbittert und in Gedanken versunken über menschliche Gemeinheit. Allein im sibirischen Winter, weit im Norden die sibirische Tundra und das Eismeer, im Süden die Schneeberge des Altai, über ihm der schwarze eisige Weltraum mit trüben Sternen. Was sollte dieses Leben? Das unter dem Eis gurgelnde Wasser könnte schnelle Erlösung bieten. Hundegekläff in einem Gehöft am Ufer und Menschenstimmen rüttelten ihn aus schwermütigen Gedanken.

Mit Parschau und Marx, die die Dorfstraße herunterkamen, ging ich in das Gehöft, in dem Marx arbeitete. Dem Bauer erzählte ich, wie es uns ergangen sei. Er sagte mir, bei seinen Verwandten könnten wir unterkommen. Sein Töchterchen führte mich hin. Mit dem alten langweiligen Bauer wurde ich einig, dass er Steinchen und mich nach Kansk zurückbringen wolle, wenn wir sein im Hof lagerndes Holz zersägt hätten. Nach drei Tagen hatten wir alles klein. Der Bauer sagte uns, dass morgen zwei Schlitten nach Kansk führen, die uns mitnehmen könnten, und so gondelten wir in der Frühe des Morgens ab. Es taute stark, und stellenweise klitschten wir auf dem bloßen Sande. Abends kamen wir in Kansk an. Der Fuhrmann, ein Pole, versuchte noch, von jedem von uns fünfzig Rubel für die Fahrt herauszuquetschen. Er wollte uns in der Stadt, da wo er die Pferde unterstellte, absetzen. Unser Gepäck hätten wir nach dem etwa eine halbe Stunde entfernten Lager schleppen müssen. Ich drohte ihm, dass ich mich sofort beschwerdeführend zum Stadtkommandant begeben wolle. Schimpfend brachte er uns ins Lager.

Von der Bauernarbeit hatte ich jetzt genug. Bisher hatte ich geglaubt, dass die slawische Hinterlist erst bei der "Intelligenz", denjenigen, die schreiben können, anfinge. Ich war jetzt eines anderen belehrt.

Mein Platz in der Baracke war freigehalten worden. Als der Schnee geschmolzen war, rupfte ich mir dürres Steppengras, stopfte damit meinen Strohsack und nistete mich wieder ein. Die Kameraden, die in Komutowo arbeiteten, kamen auch bald mit den gleichen Erfahrungen enttäuscht zurück. Ähnlich ging es anderen auf verschiedenen Dörfern.

Es wurde wärmer, der Schnee war fort, die Sonne schien auf das dürre Steppengras und auf die Eisdecke des Flusses. Eines Mittags, anfangs Mai hörte man kanonendonnerähnliches Krachen, der Fluss ging auf. Ich ging hinunter ans Ufer. Das Eis war ins Treiben geraten. Mächtige meterdicke Schollen schoben und drängten sich, stießen aneinander, türmten sich auf und überschlugen sich krachend. An einer Flusskrümmung trat eine Stauung ein, das Wasser stieg und breitete sich auf das flache Südwestufer aus, die Eisschollen schrammten am steilen Nordostufer und rissen große Stücke mit Bäumen und Sträuchern los. Ich musste mich beeilen, dass ich ins Lager kam, bevor mir die Flut den Weg abschnitt. Schließlich bildete die ganze Fläche vom Lager zum Fluss, mehrere Kilometer weit, einen See, auf dem große Eisschollen trieben. Das Wasser stieg und stieg. Am Abend bestand Gefahr, dass es in die Erdbaracken lief. Wir begannen, vor den Barackeneingängen Schutzdämme aufzurichten, da bekam das gestaute Eis Luft, das Wasser fiel. Am nächsten Morgen waren nur noch ausgedehnte Wassertümpel zu sehen, über denen Kiebitze schreiend torkelten. Viele Quadratmeter große Eisschollen lagen zerstreut auf der Steppe umher, das Weiden- und Traubenkirschengebüsch war flussabwärts niedergebogen und von den treibenden Schollen zerschrammt. Drei Wochen später badete der Plenni in klarem Flusswasser und lag im warmen Sonnenschein auf der blütenreichen Steppe zwischen Lilien und Anemonen, im Uferbuschwald zwischen Päonien und Rosen und blütenweißen Traubenkirschenbüschen. Sibirischer Frühling!

Zwei Kilometer vom Lager entfernt, in der Nähe der Eisenbahnlinie, befand sich eine flache, hügelartige Erhebung in der Steppe. Dem Gelände konnte man ansehen, dass daran vorbei vor langer Zeit ein Arm des jetzt um etwa fünf Kilometer nach Nordosten gerückten Flusses geflossen war. Das umliegende ebene Gelände war damals offenbar nass und sumpfig. Von diesem Hügel war Bausand abgefahren worden und so eine große verzweigte Sandgrube entstanden. Der Plenni strich forschend und schnüffelnd überall herum, und so kam er auch in diese Sandgrube. Die Sandgrube an sich war ja nicht auffällig, auffällig aber waren die vielen im Sand liegenden morschen Knochen und Tonscherben. Der Plenni nahm sie in die Hand, drehte sie hin und her und überlegte, wie das Zeug wohl hier unter die Erdoberfläche, unter den Steppenboden gekommen sei. Da liegt ja ein ganz eigentümlich geformtes Stück Feuerstein. Der Plenni beäugt es, fährt mit den Fingern über die scharf gezähnte Kante. Wie schön gleichmäßig das ist, das kann doch kaum auf natürliche Weise so geworden sein. Er konstruiert einen Zusammenhang zwischen Tonscherben und dem sonderbaren Feuersteinsplitter. Da fällt ihm ein, dass er einmal etwas von einer Steinzeit gelesen hatte. Er sucht weiter und wandert dann mit einigen der eigentümlichen Steinchen und Tonscherben in der Tasche ins Lager. "Prähistorische Funde aus der Steinzeit" erklärt ein "Sachverständiger". Die Sache spricht sich herum, man kann zu der Sandgrube kommen, wann man will, immer trifft man Plennis, die gesenkten Hauptes andächtig wandeln, sich bücken, etwas aufheben, wegwerfen oder nach längerem Betrachten in die Tasche schieben. Es gibt schließlich eine ganze Innung von "Prähistorikern". Ein eifriges Mitglied dieser Innung war auch ich. Es war auch wirklich ein "zünftiger" Prähistoriker da, ein österreichischer Oberleutnant, im Zivilberuf Assistent an der Prähistorischen Sammlung in München. Dieser hielt einen Vortrag, man durchstöberte die Lagerbücherei nach "prähistorischer" Literatur, man zeigte sich gegenseitig die gemachten Funde, man disputierte, warf mit Fachausdrücken um sich: Man verstand etwas davon. Topfscherben mit den verschiedensten Ornamenten, Pfeilspitzen und Schaber aus Feuerstein, bronzene Dolche, Bärenzähne und Krallen und anderes wurde gefunden. Ich habe trotz der Mühsale der Flucht noch einige Sachen mit nach Deutschland und nach Hause gebracht: Pfeilspitzen und Schaber aus

Feuerstein, eine knöcherne Speerspitze, einen beilartig geschliffenen grünen Nephrit, Topfscherben usw. Verschiedenes was mir auf der beschwerlichen Wanderung im Ural zu schwer wurde, habe ich dort schweren Herzens weggeworfen, vor allem eine kreisrunde zugehauene Raseneisensteinplatte von etwa zwanzig Zentimeter Durchmesser mit Schleifrillen, offenbar eine Töpferscheibe.

Man ging auf die Suche nach prähistorischen Fundstellen, es wurden neue entdeckt. Eine besonders schöne, ebenfalls eine Sandgrube, lag bei einem Dorfe zehn Kilometer flussabwärts am anderen Ufer. Unmittelbar bei Kansk am jenseitigen Steilufer des Kan hatte ich eine Stelle gefunden, wo durch Abrutschen des Ufers ein vertikaler Durchschnitt durch eine vorgeschichtliche Feuerstelle entstanden war. In einer kleinen Mulde der ehemaligen Erdoberfläche, die jetzt mit schwarzer Erde aufgefüllt war, sah man am rot oxydierten Sand die Feuerstelle, drumherum Holzkohlenasche mit Feuerstein und Knochensplittern vermischt. Die Stelle war wohl längere Zeit hindurch von einem Steinzeitmenschen zur Herstellung von Feuersteingeräten benutzt worden.

Dieser schöne Durchschnitt durch die Feuerstelle gefiel mir so gut, dass ich eine Aquarellskizze davon an Ort und Stelle machen wollte. Ich lieh mir einen Farbenkasten und ein Stück Papier. Den Farbenkasten steckte ich in die Tasche, das Papier legte ich in ein passendes Buch. Mit Minushose und Rubaschka (Blusenhemd) zog ich, barfuß wie immer im Sommer, mit meinem Nachbarn Liebusch los. Wir setzten mit der Fähre über und gingen zu der Fundsteile oberhalb der Eisenbahnbrücke. Während wir am Ufer herumsuchten, mehrere hundert Meter von der Eisenbahnbrücke entfernt an einem viel von Spaziergängern begangenen Weg, kam ein verlotterter Towaresch von der bolschewikischen Brückenwache, fragte, was wir machten und ließ sich unsere Ausweise zeigen. Ich zeigte meinen Plenniausweis, Liebusch hatte den seinen nicht bei sich. Der Towaresch nahm uns mit auf die Wache, dort wurden wir ausgefragt und durchsucht. Der kleine Farbenkasten, den ich in der Brusttasche der Rubaschka trug, wurde nicht gefunden. Das Buch wurde von dem blöden Towareschen hin und her durchblättert. Einige türkische Buchstaben, die ich vor Monaten als Schreibübung an den Rand geschrieben hatte, erregten Verdacht, wurden mit Stirnrunzeln betrachtet und herumgezeigt. Ich erklärte, was es sei, aber das nutzte nichts. Es wurde telefonische Meldung an den Stadtkommandanten gemacht, wir waren verhaftet, und die Sache nahm nach dem Trägheitsgesetz, dessen Wucht in diesem Falle proportional der Dummheit der Towaresche war, ihren weiteren Verlauf. Zwei Konvois mit den üblichen aufgepflanzten Spießen brachten uns mit einem großen Aufwand von Vorsicht über die Eisenbahnbrücke: Hände aus den Taschen, nicht stehen bleiben, nicht umsehen usw. Wir wurden durch die Stadt zur Stadtwache geführt. Dort standen wir eine halbe Stunde herum, dann kam ein Offizier heraus, sah uns mitleidig lächelnd an, zu den "Papieren" von der Brückenwache kam ein neues. Zwei Konvois führten uns zur Bahnhofswache. Auf der Bahnhofswache wurden die Papiere um ein neues vermehrt, und es ging wieder zur Stadtwache. Wieder ein neues "Dokument" und wir wurden zum Stadtkommandanten geführt; dieser durchblätterte die nunmehr stattlichen "Dokumenti" und sah uns etwas mitleidig von der Seite an, da er uns jetzt, weil wir nun einmal verhaftet waren, nicht wieder so ohne weiteres laufen lassen konnte. Nach einer Stunde erschien ein Konvoi und brachte uns ins Garnisonsgefängnis in den Steinkasernen. Wir kamen in eine Zelle, in der sich fünf verwahrloste Towaresche befanden, die nebeneinander auf einer Pritsche lagen und sich über die neue Gesellschaft freuten. Auf ihre Fragen erzählte ich ihnen über den Grund unserer Verhaftung. Resigniert lächelnd sagte einer "nitschewo", nichts, das macht nichts. Am Abend kam ein Kübel mit Suppe, wir hockten uns drumherum, unsere Zellengenossen pumpten uns ihre Löffel zum Essen. Liebusch und ich schliefen auf einer schmalen Pritsche, dicht aneinander gedrängt. Als wir beim Morgengrauen erwachten, waren wir voller Läuse und von Wanzen gestochen. Die Gelegenheit, einmal auszutreten, benutzte ich, um den Farbenkasten im Lokus verschwinden zu lassen. Denn der Dämlichkeit, die wunderliche Kombination von Gedankengängen zusammenflickt, wäre er sicher ein Verdachtsmoment gewesen, das uns hätte verhängnisvoll werden können. Den Führer der Wache beschwätzte ich, einem ins Lager gehenden Plenni einen Zettel mitzugeben, auf dem ich Mitteilungen über unsere Lage machte und bat, mir Essgeschirr, Mantel, Tabak und Pfeife zu schicken. Oberleutnant Fischer brachte uns die Sachen, wurde aber nicht zu uns gelassen. Unsere Zellengenossen unterhielten sich, sangen und balgten sich herum. Sie schienen sich ganz wohl zu fühlen. Ich bot Machorka und Zeitungspapier an, sie drehten sich davon Zigaretten. Am übernächsten Tag kam ein Towaresch in die Zelle, verlas mit Anstrengung und mit meinem Beistand Liebuschs und meinen Namen und sagte, wir könnten wieder ins Lager gehen. Bevor wir die Baracke betraten, zogen wir uns aus und schmissen die verlausten Kleider zum Auskochen in einen Kübel. Über unsere Verhaftung waren natürlich schon wilde Latrinen im Umlauf.

Im Lager war es jetzt sehr übel. Die kommunistische Propaganda mit ihren Erpressermethoden arbeitete aufs widerlichste. Verdienstmöglichkeiten gab es kaum. Lieferung von Lebensmitteln wurde verweigert. Viele Plennis hatten der Not gehorchend Stellen in der Verwaltung, den Lebensmittelverteilungsstellen angenommen, natürlich nur solche, die das Russische in Wort und Schrift beherrschten. In der Stadt gab es kaum eine Handwerksstube, wo nicht Plennis beschäftigt waren. Der Plenni betrieb Gartenbau für den städtischen Sowjet, er arbeitete an der Eisenbahn, er fuhr die Aborte leer, er baute Straßen, er war schlechterdings nicht mehr zu entbehren. Im Lager wurden einfach mit Militärmacht massenweise Arbeiter "requiriert" und zu den Arbeitsstätten geführt. Arbeitsverweigerung wurde mit Erschießung bedroht.

Es kam ein Befehl der Sowjetregierung, dass sich alle Professionisten und Spezialisten in eine Liste einzutragen hätten und sich der Regierung zur Verfügung halten müssten. Frisch, fröhlich trug ich mich als "Tierzuchtinspektor" ein. Ich sagte mir, ein Tierzuchtinspektor wird in Sibirien sicher nicht gebraucht und eine Anforderung nach dem Europäischen Russland wäre mir nur angenehm gewesen. Daraufhin bekam ich einen Schein, auf dem ich als Tierschutzinspektor eingetragen war.

Der Spezialistenschein.

Wenn also Arbeiter requiriert wurden, präsentierte ich seelenvergnügt meine "Pumaga", meinen Spezialistenschein. Die Spezialisten mussten ja jederzeit der Regierung zur Verfügung stehen, durften daher nicht zu anderen gewöhnlichen Arbeiten verwendet werden, wie die simplen "Tschorni rabotschi", die "Schwarzarbeiter". Außerdem bekamen die Spezialisten und Invaliden wenigstens Brot und kleieähnliches Zeug geliefert, aus dem Suppe gekocht wurde. Sonst mähte ich für unser Küchenpferd Gras und fuhr als Dolmetscher mit den Küchenfuhrwerken auf Dörfer Lebensmittel einkaufen.

Die Bolschewiken hatten das Lagerkommando an die "Internationalen" abgegeben. Diese schikanierten uns auf jede Weise, teils um dem Plenni den Aufenthalt im Lager zu verekeln und ihn dadurch zum Eintritt in die Rote Armee zu veranlassen, teils um sich an ihren früheren Vorgesetzten zu rächen und ihnen ihre Macht zu zeigen, wohl auch, um den Russen, ihren Brotherren, ihren Radikalismus zu beweisen und ihnen dadurch zu gefallen. Die Lagerbücherei wurde einfach beschlagnahmt, alle Bücher und Schriftstücke eingezogen und mehrmals das Lager, da die Herren doch wohl kein sauberes Gewissen hatten, nach "Dokumenten" durchsucht. Es war eben der Abschaum des Lagers, diese Internationalen, charakterloses Gesindel, das meist irgendetwas auf dem Kerbholz hatte. Es war ungemütlich im Lager, und man suchte den Aufenthalt in ihm auf möglichst kurze Zeit zu beschränken. Oberleutnant Fischer begab sich von früh am Morgen mit seinen Angeln an den Fluss weit fort und kehrte erst abends zurück. Wenn er nichts erwischt hatte, drückte er sich still an den Bretterlokussen entlang in die Baracke. Hatte er aber einen großen Hecht am Schnürchen, dann ging er stolz erhobenen Hauptes mitten durchs Lager durch die staunende Menge.

Verschiedenen glückte es, nach Osten oder Westen mit durchfahrenden Truppentransporten zu entwetzen. Brauer gelangte nach gefahrvoller Irrfahrt und wochenlangem Gefängnissitzen nach Wladiwostok, wo er beim Roten Kreuz ein angenehmes Pöstchen bekam. Strässle und einige andere kamen nur bis Irkutsk, wollten ins Lager zurück, wurden unterwegs verhaftet und arbeiteten nun in Tulun. Die nach Westen Entwetzten kamen meistens durch. Sie schickten uns Nachrichten über die Verhältnisse unterwegs. Einige, die als Begleiter eines Transportes von Irrsinniggewordenen nach Omsk gefahren worden waren, kamen auch weiter. Ich beschäftigte mich, wie fast jeder im Lager, mit Fluchtgedanken. In einer schlaflosen Nacht kam mir eine aussichtsreiche Idee: Die Bolschewiken führen Krieg mit den Polaken, ich wollte mich als Topograph zur Sowjetarmee melden und dann in Russland verschwinden. Oberleutnant Fischer, dem ich meinen Plan mitteilte, leuchtete die Sache ein. Ich ging zum derzeitigen Lagerkommandanten, einem Ungarn namens Bubik, und trug ihm mein Anliegen vor. Ja, Topographen - was ein Topograph ist, musste ich ihm erst erklären - konnten sie nötig brauchen. Er sah auf der Spezialistenliste nach und fand da hinter meinem Namen "Tierzuchtinspektor" stehen und wurde stutzig. Ich erklärte ihm, Tierzuchtinspektor sei mein Zivilberuf, im Krieg sei ich bei der Topographischen Abteilung des Divisionsstabes beschäftigt gewesen und anderen Kohl. Voller Hoffnung zog ich ab, Tage vergingen, Wochen, es kam nichts. Also Essig!

Nun wollte ich mit Vietmeier losgehen. Ich verringerte mein Gepäck durch Verkauf an Towareschrekruten so, dass ich alles bequem in einem kleinen Schließkörbchen und einem zum Rucksack umgewandelten Chinesenmantel unterbringen konnte. Als wir so weit waren und ich los wollte, kamen günstige Heimfahrtslatrinen, und Vietmaier wollte daher "mal noch abwarten".

Wir bekamen Nachricht, dass vom Krasnojarsker Lager ein Spezialistentransport nach dem Ural gefahren sei. Das könnte man auch probieren. Es bildete sich eine Art Spezialistenverein, still und ganz geheim. Es wurde Geld gesammelt und durch Schiebung ein Delegierter nach Omsk zur Regierung geschickt. Der kam zurück mit der Antwort, Ingenieure und Bauleute würden gebraucht. Wir fertigten eine Liste mit Ingenieuren und Bauleuten an, die meisten waren in Wirklichkeit aktive Offiziere, Juristen usw. Ich figurierte als Bautechniker. Wehe, wenn entdeckt wurde, dass ich mein Spezialistentum außer auf Bautechnik auch noch Tierzuchtinspektion und Topographie erstreckte! Das wäre vielleicht selbst einem Russen zu viel gewesen.

Unser Delegierter hatte sich von der Omsker Regierung auch gleich eine weitere Reiseerlaubnis zu einer zweiten Kansk-Omsk-Fahrt geben lassen und gondelte mit dieser und dem neuen Spezialistenverzeichnis ab. Nach einer Woche kam er zurück: Wir sollten angefordert werden. Die Internationalen hatten von der Sache Wind bekommen und suchten sie zu hintertreiben, weil sie sich ärgerten, dass alles so schön hinter ihrem Rücken direkt mit der Regierung verhandelt wurde.

Der Spezialistentransport

Die Geschichte zog sich in die Länge. Die Internationalen hatten schon zwanzig Namen von den achtzig auf der Liste gestrichen und machten auch sonst Scherereien. Die Sache wurde brenzlig. Wir schickten ein dringendes Telegramm nach Omsk, darauf kam endlich die Anforderung. Wir schafften unsere Brocken in zwei bereitstehende Tepluschken. Ungeduldig warteten wir auf den Zug, der uns mitnehmen sollte, denn wir hatten Angst, dass man uns immer noch herausholen könne. Nach mehrstündigem Warten wurden wir an einen Zug gehängt. Wir fuhren nach Westen. Unterwegs wurden unsere Papiere verschiedentlich geprüft, sie waren gut - "karoschi bumagi".

Nach mehrtägiger Fahrt kamen wir in Omsk an, wurden abgehängt und auf ein Nebengleis geschoben. Dort standen unsere beiden Tepluschken schön in Deckung zwischen anderen, die teilweise von russischen Zivilistenfamilien, Flüchtlingen, bewohnt waren. Wir bummelten in Omsk herum und sahen uns den Betrieb an. Einige blieben immer als Bewachung bei den Tepluschken. Die Stadt Omsk ist etwa zwanzig Minuten weit vom Bahnhof entfernt und mit diesem durch eine Lokalbahn verbunden. Am nächsten Tag gingen unsere "Macher" zur Regierung und meldeten den Transport an. Man war erstaunt, wusste von nichts und sagte, wir sollten mal morgen wiederkommen. Durch welche Mordsschiebung der Transport eigentlich zustande gekommen ist, ist mir auch heute noch unklar, jedenfalls waren die "Macher" keine Waisenknaben. Nun, wir waren in Omsk, hatten die ersten eineinhalbtausend Kilometer der fünftausend, die uns von Deutschland trennten, hinter uns.

In der Stadt horchten wir natürlich bei den Plennis eifrig herum und hörten, dass alles, was einigermaßen nach "Intelligenz" oder "Kapitalismus" röche, gar keine Aussicht habe, nach Westen durchzukommen. Unsere Spezialistenliste hatten wir noch nicht abgegeben. Es wurde also eine neue angefertigt. Ingenieure, Architekten usw. gab es jetzt nicht mehr, alles wurde auf den Arbeiterstand heruntergedrückt. Ich war nunmehr Schachtmeister. Was ein Schachtmeister ist, erklärte mir erst mein "Kollege" von Puttkammer, der vorher "Elektroingenieur" war. Mit der neuen Liste wanderten wir wieder zur Regierung. Sie könnten uns in Omsk ganz gut gebrauchen, wir sollten morgen mal wiederkommen, sagte man uns. Von einer Verwendung im Ural wollten die Herren Towarische nichts wissen. Zum Arbeiten waren wir gewiss nicht nach Omsk gekommen, wir wollten weiter.

In Omsk war gerade eine Neuregistrierung sämtlicher Plennis im Gange. Das Lager war bereits registriert, jetzt waren diejenigen dran, die in der weiteren Umgebung von Omsk auf Arbeit waren. Ich ging zur Registratur und wartete stundenlang im Gedränge, bis mir so übel wurde, dass ich das Warten aufgeben musste. Am nächsten Tag kam ich endlich dran. Ich gab an, dass ich meine Papiere bei einem Brand des Dorfes bei Omsk, in dem ich bis jetzt gearbeitet habe, verloren hätte, bekam einen neuen Ausweis mit "Schachtmeister", Dienstgrad "Soldat" usw. und zog erleichtert ab. Jetzt gehörte ich auch in das Omsker Gouvernement und nicht mehr in das Jenisseisker.

Es fuhr ein Divisionsstab der Roten Armee nach der polnischen Front. Es schlängelte sich einer von uns an den Kommandeur, ein offenbar ehemaliger Zarenoffizier, und fing ein Gespräch an, in dessen Verlauf er erzählte, dass er stellungsloser Veterinär sei. Einen Veterinär oder zwei konnte man beim Divisionsstab gebrauchen, und der erste Veterinär hatte auch bald den zweiten gefunden. Es meldeten sich noch Topographen und Kartographen. Na, von der Sorte könne er auch noch vier gebrauchen, damit habe er aber endgültig genug. Es kamen noch mehr, redeten gut zu und priesen ihre Künste und schließlich, als der Zug abfuhr, saßen wohlgeborgen zehn Plennis drin. Ich kam erst, als der Zug schon weg war, denn ich war gerade auf dem Trödelmarkt, um durch Verkauf mein Gepäck auf Marschgewicht zu reduzieren und Speck und Brot einzukaufen. Was ich hatte, konnte ich nunmehr bequem in einem durch einen Strick zum Rucksack umgearbeiteten Kartoffelsack unterbringen. Im Rucksack wieder hatte ich ein Säckchen aus Packleinwand, das das Allernotwendigste für den Notfall enthielt. Meine alten Schuhe mit dicker Holzsohle waren vollständig aus dem Leim gegangen. Leutnant Viefhaus verkaufte mir, da er genug Geld hatte, ein Paar fast neue Reiterstiefel gegen Heimatzahlung.

Es kam ein Kavallerietransport. Ich bot mich dem Kommandeur als Veterinär an. Er wollte meine Papiere sehen, die ich ihm natürlich nicht zeigen konnte. Alles gute Zureden half nichts, ich musste abziehen. Am Ende des Zuges fing ich mit den Towarischen ein Gespräch an und sagte ihnen, dass ich ihnen unterwegs helfen wolle, die Pferde zu verpflegen, wenn sie mich mitnähmen. Sie erklärten, dass ihnen das streng verboten sei, ich solle den "Towareschkommandir" fragen. Ich erzählte Kavalleristenstückchen und bot Machorka zum Zigarettendrehen an. Schließlich sagten sie, wenn es niemand sähe, solle ich einsteigen. Der Zug fuhr ab, ich sprang mit meinem Säckchen auf. Es fing einer, der Angst vor dem Kommandeur hatte, zu krakeelen an, andere stimmten ein, es half nichts, ich musste von dem fahrenden Zug wieder abspringen.

In Omsk, der Regierungshauptstadt Sibiriens, war verhältnismäßig viel los. Es fuhren Automobile und Droschken, auf den Straßen waren viele Leute, teilweise ziemlich elegant angezogen. Man schien hier nicht so kleinlich zu sein, die berühmte Gleichheit allzuweit nach unten zu drücken. Es gab schöne Straßen mit Steinhäusern, Steinkirchen und teilweise noch unvollendete, vor oder während des Krieges errichtete Regierungspaläste, die jetzt schon jahrelang unberührt dastanden. Die Schaufenster der ehemaligen großen Geschäftshäuser waren leer. Handel ist ja als "spekulation" im Sowjetstaate verboten. Man konnte sich aber von einem der vielen Stiefelputzer für 30 Rubel die Stiefel reinigen lassen. Berittene Kirgisen mit Pelzjacken und spitzen Pelzmützen jetzt in der Julihitze treiben eine Viehherde in die Stadt, johlend und eigentümlich zwischen den Zähnen hindurch pfeifend. Sie kommen von der Kirgisensteppe südlich von Omsk. Die Viehherde ist Steuerabgabe an die Sowjetregierung. Unmittelbar am Irtyschufer, auf Pfählen über dem Wasser erbaut, stehen chinesische Teebuden aus Brettern. Musik spielt und Weiber befinden sich dort. Schnaps gibt es wegen des Alkoholverbotes für viel Geld hintenherum. Am Nebentisch sind ein paar Kulis in Streit geraten. Einer haut dem anderen das Messer zwischen die Rippen, durch das Fenster fliegt er in den Fluss. Man lässt sich hier durch solche Kleinigkeiten nicht stören, der Betrieb geht ruhig weiter. Die Geiger fiedeln, Tabakrauch, undefinierbarer Dunst, Russisch, Chinesisch, Deutsch, Polnisch, Ungarisch, Lachen, Weibergekreisch, alles durcheinander. Die Bude ist nicht viel größer als ein geräumiges Zimmer, aber gerammelt voll.

Ungefähr eine Stunde zu Fuß von der Stadt entfernt liegt die einzige sibirische Hochschule. Die Herren Alzheimer und Hahn aus unserem Lager sind dort seit zwei Monaten in der Abteilung für Pflanzenselektion beschäftigt. Ich bummele hinaus, sie zu besuchen und mir den Betrieb anzusehen. Man sieht immerhin noch, dass hier einmal planmäßig gearbeitet wurde. Jetzt ist alles verlottert, die ehemaligen Versuchsfelder verunkrautet, bei den Gebäuden liegen Kehrichthaufen, alles steht und hängt verwahrlost herum. Die Studenten sind abkommandierte Soldaten, Weiber, ehemalige Offiziere, die sich hier ein ungestörtes und bequemes Unterkommen verschafft haben. Der "Studentenrat" hat beschlossen, dass sämtliche Vorlesungen dieses Semesters im nächsten Semester noch einmal genau wiederholt werden sollen, da die meisten nichts davon verstanden haben. Ein Plenni, ein Ungar, ist Leiter des Mustergutsbetriebes. Er sagt, dass so viele Futtermittel geliefert werden, dass er gar nicht wisse, wohin damit. Untergebracht müssen sie aber werden. Alles Vieh ist speckfett. Im Stall liegt ein prächtiger Allgäuer Bulle, der so fett ist, dass er kaum noch aufstehen kann, von Zuchtverwendung kann gar keine Rede mehr sein. Man macht's sich gemütlich und lässt alles laufen, wie es gerade läuft. Was von oben herunter, oder hier könnte man besser sagen, von unten hinauf, angeordnet wird, ist ja doch heller Unsinn. Auch Alzheimer und Hahn machen sich's gemütlich: Man hat zu essen und ein Unterkommen und ist zufrieden. Im Übrigen freut man sich über kommunistisch russische Dummheit und das daraus resultierende Tohuwabohu. Es wird ein Professor für Tierzucht gesucht. Ich stelle mich als akademischer Fachmann vor und präsentiere meinen Spezialistenschein. Man ist geneigt, mich anzustellen. Zur Vertiefung meiner Sprachkenntnisse hätte ich ein Semester als Assistent zubringen und im Folgenden Vorlesungen über Tierzucht halten können. Die Dozenten machen sich natürlich auch ein möglichst müheloses Leben, wenigstens soweit ihnen nicht der famose Studentenrat auf dem Fell kniete. Besser als im Lager oder als auf Zwangsarbeit wäre es immerhin. Wenn ich also unterwegs geschnappt werde, weiß ich, wohin ich mich anfordern lasse. Ich verspreche, mir die Sache mal zu überlegen, und wandere belustigt wieder nach Omsk.

Jeden Tag verkrümelten sich einige von uns, die beiden Tepluschken standen nach ein paar Tagen leer und verlassen. Von dem angemeldeten Spezialistentransport aus Kansk hörte die Omsker Regierung kein Wort mehr. Er verschwand einfach von der Bildfläche.

Die Flucht

Bei dem Spezialistentransport befand sich auch ein Architekt Müller aus Sachsen. Ausnahmsweise ein richtiggehender Architekt. Er hatte zwar einen kleinen futuristisch expressionistischen Fimmel, ich kam aber ganz gut mit ihm aus. Mit diesem verabredete ich, loszugehen. Man musste zu zweien oder dreien sein, weil immer einer bei dem nicht zu vermeidenden Gepäck bleiben musste, wenn der andere auskundschaften ging. Gruppen mit mehr als drei Mann wären aufgefallen.

Westlich der Stadt floss der breite Irtysch, über den wir zunächst hinüber mussten. Über den Fluss führte nur die Eisenbahnbrücke, über die wir, da sie wie alle Brücken bewacht war, nicht hinüberkonnten. Ebenso war die Flussfähre bewacht, dort war also auch nichts zu machen.

Aus Nachrichten, die wir im Kansker Lager erhalten hatten, wussten wir, dass ein paar deutsche Matrosen einige Kilometer flussaufwärts für den Omsker Sowjet eine Gärtnerei betrieben. Müller und ich packten unsere Brocken auf und gingen zu ihnen hin. Sie hausten in einer Lehmhütte unmittelbar am Fluss. In der Abenddämmerung brachte uns einer davon mit einem Kahn zum anderen Ufer. Es war stürmisch, die Wellen schlugen im reißenden Strom in den Kahn, und ich hatte Not, das Wasser wieder mit einer hölzernen Schöpfkelle hinauszubefördern. Ziemlich durchnässt kamen wir drüben an.

In der Dunkelheit gingen wir auf den nächsten Bahnhof. Natürlich war eine Bahnhofswache da. Ein Personenzug fuhr nach Westen, vor jedem Wagen stand ein Posten und kontrollierte die Papiere der Aus- und Einsteigenden. Da war also nichts zu machen. Am Kipiatokhäuschen auf dem Bahnsteig lag alles mögliche Gesindel herum, Obdachlose und chinesische Kulis. Wir legten uns nacheinander dazwischen, den Kopf aufs Gepäck, und schliefen. Plötzlich Rumoren, Geschrei, die Kerle springen auf und rennen fort, wir bleiben ruhig liegen. Die Bahnhofswache kommt mit einer Laterne, in deren Schein die Spieße blinken. Wir tun, als ob wir schliefen. Der Wachhabende stößt mir mit dem Stiefel in die Seite. Ich seufze tief, reibe mir den Schlaf aus den Augen und richte mich halb auf. "Sto Towarisch?" frage ich verwundert, was ist denn los. Er verlangt unsere Papiere. Ohne mich darauf einzulassen, beginne ich ein Palaver: Wir seien Plennis, hätten auf dem Land bei Bauern gearbeitet, wären hierher gekommen, um uns für den Heimtransport registrieren zu lasen. Wir seien erst in der Nacht nach langer Wanderung hier angekommen, hundemüde und er solle uns bis zur Morgendämmerung hier liegen lassen.

Wir machen einen wahrhaft jämmerlichen Eindruck. Er sagt, dass er in Deutschland gefangen gewesen sei. Da weiß ich, welche Saite ich anzuschlagen habe: Wir seien schon sechs Jahre gefangen, hätten Frau und hungernde Kinder zu Hause, es wäre eine Schande, dass wir immer noch hier in Sibirien zurückgehalten würden. Er gibt mir Recht, wird weich, lässt uns liegen und rollt mit seiner Laterne und seinen spießbewehrten Genossen ab, und wir legen uns wieder nieder.

Ein Güterzug steht auf dem vierten oder fünften Nebengleis, eine Lokomotive fährt fauchend und pfeifend hin und her, am Bahnhofsgebäude stehen einige Towarische auf Posten. Der Zug ist interessant, er wird es noch mehr, als sich die Lokomotive auf sein nach Westen gerichtetes Ende setzt. Ich lasse ihn nicht aus den Augen. Leise mache ich Müller darauf aufmerksam, ebenso leise, wie so zufällig im Schlafe umfassen wir liebevoll unser Bündel. Die Lokomotive dampft und faucht, das bekannte Zerren durch den Zug von vorn nach hinten. Wie von der Tarantel gestochen springen wir auf, hinüber, Rufe "Stoi, stoi!" ein paar Schüsse, der Zug fährt mit uns nach Westen.

Es ist stockdunkel, nur weit vorn stieben die Funken vom Holzfeuer der Lokomotive. Wir befinden uns auf einer Lore, einem offenen Güterwagen mit etwa dreißig Zentimeter hohen Seitenbrettern. Ich taste an etwas herum, es besteht aus Holz und Eisen. Unten drunter ist freier Raum, wir schieben unsere Bündel und uns darunter und pennen. Am Morgen, als wir die vom Liegen in der kalten Nacht auf den harten Brettern steifen Glieder strecken, stellen wir fest, dass wir auf einem Transportzug landwirtschaftlicher Maschinen sind. Wir hatten unter ein paar zusammengeschobenen Pferderechen geschlafen. Auf einigen Wagen war als Wache je ein Towarisch ohne Waffen. Sie sahen so aus wie wir, wir fielen gar nicht auf. Es war ein schöner Spätsommersonntag, wir hockten auf unseren Pferderechen und pfiffen oder rauchten unsere Machorkapfeife. Auf den Stationen standen überall die Posten herum. Uns war's egal, wir gehörten ja so gewissermaßen zur Begleitmannschaft. Ich trug braune Reitstiefel, dreckig graue Reithosen, grünliche Russenrubaschka, meine alte verblichene Sommermütze, die von einer russischen nicht zu unterscheiden war, und einen langen, verwilderten, dunklen Bart. Dreckig waren wir auch, also vorzügliche Mimikry. Wir freuten uns, dass wir auf eine so bequeme Weise schnell vorwärtskamen. Auf einer größeren Station, wo wir zwischen anderen Zügen hielten, erkundigte sich Müller bei einem der Begleitleute, wo der Zug hinführe. Er erfuhr, dass er vor Petropawlowsk auf eine Nebenstrecke abbiegen solle. Am Abend krochen wir wieder unter die Heurechen. Die Strecke war zweigleisig. In der stockdunklen Nacht weckte mich Müller, er war aufgeregt und sagte, wir seien auf der Nebenstrecke. Ich sprang auf, und wir stellten fest, dass die Strecke eingleisig war. Sehen konnte man sonst nichts. Wir nahmen unsere Bündel, ich zählte bis drei, auf drei schmissen wir unsere Bündel hinunter und sprangen gleichzeitig vom fahrenden Zug ins Dunkle. Wir kollerten den Bahndamm hinunter, die Knochen taten mir weh, jetzt wurde ich erst so richtig wach. Wir mussten lange herumtasten, bis wir unser Gepäck fanden. Vom Bahndamm aus sahen wir in der Ferne in der Richtung, woher wir gekommen waren, ein Licht. Das musste eine Station sein. Wir gingen eine Strecke darauf zu, hinzugehen erschien uns zu gefährlich. Wir beschlossen, bis zum Hellwerden zu warten. In einen Heuhaufen schoben wir uns bis zum Morgen ein, dann ging Müller auskundschaften, ich blieb beim Gepäck. Die Station, eine Ausweichstelle, war bewacht. Das Stationshaus lag auf der Seite, auf der wir uns befanden. Wir gingen auf die andere Seite des Bahnkörpers und legten uns dort ins Gebüsch. Ein Güterzug kam und hielt gerade vor uns, zwischen uns und dem Stationshaus. Er bestand aus offenen Plattformwagen mit etwa dreißig Zentimeter hohen Seitenbrettern. Als er abfuhr, krochen wir langsam am Bahndamm in die Höhe, schoben uns über die Seitenbretter der Plattform und legten uns dort platt auf den Bauch. Wieder legten wir viele Kilometer zurück. Wenn wir uns einer Station näherten, wälzten wir uns auf der stationsabwärtsgelegenen Seite hinunter, gingen vor, an der Station in Deckung vorbei, dort wieder auf dieselbe Weise auf den anfahrenden Zug. Das ging eine Zeitlang ganz gut.

Als der Zug wieder einmal hielt und wir in Deckung neben dem Bahndamm lagen, ging ein Towarisch mit Spieß am hinteren Zugende anfangend am Zug entlang und guckte über die Bretter auf jeden Wagen. Wir sahen ihm erwartungsvoll zu, denn wir hatten unsere Bündel auf einem der Wagen liegen. Als er an diesen kam, stutzte er und angelte mit seinem Spieß nach den harmlosen Plennibrocken. Wenn wir jetzt ruhig blieben, waren wir sie los. Wir streckten also unsere Köpfe über den Horizont des Erdhaufens, hinter dem wir hockten, heraus, sodass der Towarisch uns sehen musste. Er fragte, ob die Bündel unser wären, und nahm sie an sich. Wir gehen mit den unschuldigsten Mienen hin, nehmen unsere Bündel unter den Arm und wollen uns wieder langsam verrollen. Er wird grantig und schreit uns an. Verständnislos und blöd gucken wir ihn an. "Wie kommt euer Gepäck auf den Wagen?" brüllt er, wir markieren die Dummen. Müller beginnt, mit einigen russischen Brocken untermischt, ihm hauptsächlich durch Zeichensprache etwas klar zu machen. Endlich versteht er: Wir sind Plennis, haben hier in der Nähe (ob in der Richtung überhaupt ein Dorf liegt, weiß Müller natürlich nicht) bei Bauern gearbeitet und wollen nach Petropawlowsk, wohin wir vom Dorfsowjet zur Registrierung zwecks Heimtransport geschickt sind. Unser Bündel haben wir einstweilen auf den Zug gelegt und wollten ihn gerade fragen, ob er uns erlaube mitzufahren. Das schmeichelte ihm, er spielt dem armen, dummen Plenni gegenüber den väterlichen Freund. Da ich kein Wort Russisch verstehe, Müller äußerst wenig, macht er uns mit viel Anstrengungen klar, dass man nicht mit dem Güterzug fahren darf, da man sonst verhaftet und eingesperrt wird. Dämlich, wie wir nun einmal sind, begreifen wir nur mit Mühe. Er hat Mitleid mit uns, geht mit uns zum Stationsvorsteher und setzt diesem unsere Lage auseinander. Der wieder fragt, ob wir Geld hätten. Wir verstehen nichts. Erst als er mit dem Daumen und dem Zeigefinger die bekannte reibende Pinkepinkebewegung macht, geht uns ein Licht auf. Ich greife in die Hosentasche und hole einige Rubelscheine heraus. Achtzig Rubel brauchten wir, hatte er zu dem Posten gesagt. Ich gab ihm die Papierfetzen hin, er nimmt achtzig Rubel davon und gibt mir den Rest wieder. Nach einiger Zeit kommt er wieder und gibt mir einen Zettel. Da ich zu dämlich bin, macht er Müller klar, dass das ein Fahrschein für uns beide nach Petropawlowsk sei und dass wir mit dem nächsten Personenzug dorthin fahren könnten. Müller nickt gleichgültig, nachdem er endlich verstanden hat. Wir warten und freuen uns diebisch im geheimen. Wir hocken auf einem Geländer und baumeln mit den Beinen. Hin und wieder streift uns ein mitleidiger Blick des gravitätisch auf- und abschreitenden Postens.

Wir dampfen im Personenzug gen Westen. Und das von "rechtswegen". Wir haben ja unseren richtiggehenden Fahrschein in der Tasche. Wir liegen auf der oberen Pritsche der Tepluschka zwischen Männern und Weibern und unterhalten uns mit diesen. Die Reise ist angenehm und bequem. Als wir an unserem trockenen, steinharten Schwarzbrot knabbern, bietet man uns Weißbrot an, frisches, vorzügliches Weißbrot. Wir sind freigiebig mit Machorka. Man schätzt uns, denn wir sind höflich und zuvorkommend. Wir erzählen, wir seien auf der Heimreise. Es wird auf einer Station kontrolliert, wir zeigen stolz unseren Fahrschein. Wir kommen zu einer großen Station, ich gucke hinaus: "Petropawlowsk". Auf dem Bahnhof wimmelt es von Towarischen. Hier müssen wir den Zug verlassen. Doch nein, wir wollen mal ein Auge riskieren. Es gefällt uns so gut hier in der Gesellschaft.

Wir bleiben ruhig liegen. Die Kontrolle kommt. Jetzt wird die Sache ernst. Wir drücken uns hinter die Leute, vielleicht werden wir übersehen. Da hat mich einer der Kerle schon am Kanthaken und fragt nach der "Bumaga". Ich verstehe nichts, Müller sieht mich verständnislos an. Der Kerl wird grob und fordert uns auf, mit auf die Wache zu kommen. Es bleibt uns nichts anderes übrig, wir nehmen unsere Bündel unter den Arm und gehen mit. Die Sache kann brenzlig werden, es riecht stark nach Zwangsarbeit.

Auf dem Bahnsteig, kurz vor dem Wachlokal klopfe ich dem Kerl auf die Schulter und bleibe stehen. Ich will ihm den Fahrschein zeigen , damit er sieht, dass wir wenigstens rechtmäßig bis hierher im Zug saßen, gegebenenfalls sagen, dass wir nicht gewusst hätten, dass wir schon in Petropawlowsk angekommen sind, da wir nicht Russisch lesen könnten. Er nimmt den Wisch in die Hand, betrachtet ihn, studiert dran herum und fragt dann, wo wir hin wollten. "Nach Tscheljabinsk" antworte ich dummdreist. Er studiert wieder am Fahrschein herum, schüttelt den Kopf und fängt zu schimpfen an. Ich verstehe: Unnötige Arbeit, Maul aufmachen, wir sollten machen, dass wir wieder in unseren Wagen kämen. Ich begreife nicht, Müller sieht mich nun wirklich verständnislos an, wir steigen ein, der Zug fährt ab.

Wie war das zugegangen? Wir können uns die Geschichte nicht erklären. Ich sehe den Fahrschein an, betrachte ihn genau und noch genauer und muss laut lachen: kein Wort zu lesen! Ich gebe den Schein Müller. Auch er liest angestrengt daraufherum und lacht. Das ist ein gutes Papier, "karoschi bumaga". Es brachte uns 600 km der Heimat näher. Der Sicherheit halber machte ich hinter die nur zweistellige Zahl des Fahrpreises einen Haken mit Bleistift, die Zahl konnte jetzt auch drei- oder vierstellig sein.

Der Fahrschein nach Petropawlowsk.

Am folgenden Morgen wird wieder kontrolliert. Der Kontrolltowarisch schüttelt den Kopf und fragt, wohin wir fahren. "Tscheljabinsk". Wie überlegend sieht er uns eine Weile an und verschwindet brummend. Mein Pritschennachbar, ein alter Russe, der wohl früher den besseren Ständen angehörte und der sich auch noch etwas Schliff in die proletisierende Bolschewikenzeit hinübergerettet hat, hat sich gut mit mir und meinem Machorkasäckchen angefreundet. Er zeigt mir durch die zurückgeschobene Wagentür den Grenzstein, der die politische Grenze zwischen

Sibirien und Russland angibt. Wir freuen uns. Sibirien haben wir im Rücken.

Gerne wären wir in unserer Tepluschka sitzen geblieben. Wir wissen aber, dass unser Zug nach Moskau über Ufa-Samara fährt, wo die Internationalen, unsere Feinde, alle über den Ural kommenden Plennis durch scharfe Zugkontrollen abschnappen. Wir steigen also in Tscheljabinsk aus. Wir werden versuchen, auf die Nordstrecke Jekaterinburg-Perm-Wologda-Petersburg zu kommen. Von Tscheljabinsk geht eine zweihundert Kilometer lange Verbindungsbahn durch den Ural nach Norden nach Jekaterinburg. An diese Strecke wollen wir uns halten. Im Notfalle sind es sechs Tagesmärsche.

Auf dem Platz vor dem Tscheljabinsker Bahnhof legen wir an einem Zaun unsere Brocken ab. Plennis haben wir auf dem Bahnhof nicht gesehen, es sieht aus, als ob sie "schon" abtransportiert seien. Müller geht schnüffeln. Kein Plenni zu finden. Müller bleibt beim Gepäck, ich gehe auf Kundschaft. In der Stadt treffe ich einen Österreicher, der sagt, dass noch alle Plennis hier seien, das Lager sei eine halbe Stunde weit vor der Stadt. Auf dem Weg zum Lager erzählte mir ein Ungar, es seien nur ein paar Hundert Deutsche im Lager gewesen, die jetzt auf dem Bahnhof auf Abtransport warteten. Ich gehe also wieder zum Bahnhof. Tatsächlich liegen dort in einer Halle eine Menge Deutsche und Österreicher. Ich hocke mich zu einem, der vertrauenswürdig aussieht - wegen der überall spionierenden Internationalen konnte man nicht vorsichtig genug sein - und beginne ein Gespräch. Als ich meinen Mann kenne, geht die Unterhaltung leiser weiter. Die Internationalen scheinen hier sehr stark zu wirken, mein Mann mahnt zur äußersten Vorsicht. Der "Transport" wartet schon seit vier Wochen auf einen leeren Zug, täglich soll er abfahren. Wahrscheinlich könnten wir mit, wenn es uns gelänge, unsere "Intelligenz" zu verbergen - hier in Russland ist dies aber nicht ganz leicht! - wir zogen es daher vor, den Staub Tscheljabinsks von den Füßen zu schütteln und umgehend zu verschwinden. Einige Österreicher, die wir am Bahnhof trafen, sagten uns, dass sie ebenfalls heute oder morgen nach Norden wollten.

Auf dem scharf bewachten Bahnhof auf einen Zug zu kommen erschien gefährlich, da wir ja zuerst hätten fragen müssen, ob der Zug nach Jekaterinburg und nicht nach Ufa oder gar nach Sibirien führe. Wir beschlossen daher, auf der nächsten kleineren Station der Verbindungsbahn zu versuchen, im Schutze der Dunkelheit einen Zug zu erwischen.

An der untergehenden Sonne stellten wir die Himmelsrichtungen fest und gingen etwas vom Bahnhof entfernt auf das nördlichste Geleis. Alle Schienen, die nach rechts gingen, mussten nach Sibirien führen, die am weitesten links mussten die Jekaterinburger sein. Es war nicht einfach, sich in der Dämmerung in dem Schienengewirr zurechtzufinden. Endlich bog unser Geleis nach Norden ab, rüstig schritten wir, als es dunkler war, auf dem Bahnkörper vorwärts. Wir mochten so zwei Stunden gegangen sein, als wir vor uns auf dem Bahnkörper ein Licht sahen. Ich ging näher hin, es war eine Eisenbahnbrücke, natürlich bewacht. Es musste also ein Fluss da sein. Wir gingen etwas zurück, denn der Towarisch auf Posten knallt gern. Seitwärts vom Bahndamm war Gebüsch, dorthinein drückten wir uns und klärten weiter auf. Unser Gepäck lehnten wir an einen einzelnen Baum, ich ging nachsehen, ob nicht eine Brücke oder Fähre da sei. Auch Müller ging kundschaften. Viel zu sehen war in der Dunkelheit nicht. Immerhin konnte ich feststellen, dass der Fluss ziemlich breit und nicht flach war. Von der Eisenbahnbrücke her hörte ich plötzlich in die totenstille Nacht "stoi! stoi!" brüllen und mehrere Schüsse. Sollte Müller in der Dunkelheit der Eisenbahnbrücke zu nahe gekommen sein, oder war er gar auf die Brücke gegangen, um zu sehen, ob man nicht doch drüber käme? Sollten sie ihn erschossen haben? Es wurde mir unheimlich. Mit Mühe fand ich den Baum und unser Gepäck. Ich wartete lange, Müller kam nicht. Knacken im Gebüsch. Die nachsuchende oder die Umgebung der Brücke abstreifende Wache? Sollte ich entwetzen? Da höre ich ganz in der Nähe gedämpft "Wachtmeister!" rufen. Müller kommt. Die Schüsse hatten nicht ihm gegolten. Vielleicht waren es die Tscheljabinsker Österreicher, die uns nachkommen wollten.

Wir legten uns in ein Föhrenwäldchen. Im Morgennebel zogen wir uns am Flussufer aus. Unsere Kleider wurden gebündelt. Wenn ich auf den Zehen ging, reichte mir das Wasser bis zum Munde. Müller war viel kleiner. Müller brachte mir von dem flacheren Flussufer die Bündel auf dem Kopf entgegen, ich nahm sie ihm ab und trug sie über die Tiefe hinüber. Der Fluss floss langsam und träge, das Wasser schien mir warm in der kalten Morgenluft. Im Bogen gingen wir wieder auf die Bahn zu. Eine Meute verwilderter Hunde, die an einer verreckten Kuh herumfraßen, kläffte uns wütend ob der Störung an. Zwei Ferkel, die einer Frau entlaufen waren, fingen wir in lustiger Jagd auf den Feldern ein. Im heißen Augusttag ging's auf einem fast unbenutzten Feldweg immer in Sichtweite der Bahn nach Norden. Selbst an der Bahnstrecke ist keine Siedlung, kein Dorf. Einsam stehen die hölzernen Bahnwärterhäuschen. Mittags liegen wir unter Büschen bei einer Haltestelle. Es wird nur an Haltestellen gerastet, damit uns ja keine sich bietende Fahrgelegenheit entgehen soll. Ein Proviantzug fährt vorbei, geschlossene Güterwagen, plombiert, vorn und hinten Towarische mit Flinten. Das blieb der einzige Zug am ganzen Tag. An einer Haltestelle wird in einer Bodenmulde genächtigt. In der Frühe geht der Marsch weiter.

Es wird heiß, bergig, die Stiefel drücken, ich habe Blasen an den Füßen, das Gepäck drückt. Auf einer Höhe erleichtern wir das Gepäck. Aus meinem improvisierten Rucksack nehme ich das Packleinwandsäckchen und stopfe das Notwendigste hinein. Decke und Mantel werden über die Schulter gehängt, denn das Nächtigen im Freien ist sonst unangenehm kalt. Alles Überflüssige - von manchem trenne ich mich ungern - fliegt in die Büsche. Auch Müllers verrückte

Futuristenbilder finden hier ein unrühmliches Ende. Vielleicht hängen diese Kunsterzeugnisse jetzt in der Hütte eines verlotterten Russen, vorausgesetzt, dass er erkannt hat, dass es Bilder sein sollen.

Es marschiert sich jetzt besser mit dem verminderten Gepäck. Die Gegend ist schön, ringsum die bewaldeten Uralberge. Wenn nur die Füße nicht so schmerzten! Wir müssen möglichst schnell vorwärtskommen, denn unser Proviant geht zu Ende. Wenn man in der sehr spärlich bevölkerten Gegend etwas für Geld kaufen will, wird man von den Bauern glatt ausgelacht. Ein Zug fährt nach Norden. Als wir ihn von weitem pfeifen hören, eilen wir, um zur nächsten Haltestelle zu kommen. Es geht stark bergauf, der Zug muss daher langsam fahren, aber - es ist ein Truppentransport. Am Abend haben wir nach den Werstnummern der Eisenbahn achtzig Werst zurückgelegt seit Tscheljabinsk. Gegen vier Uhr nachmittags des nächsten Tages, wir waren jetzt 120 km nördlich von Tscheljabinsk, kommen wir an eine größere Station und lassen uns hinter einem Bretterzaun nieder. Hier wollen wir über Nacht bleiben.

Ein Zug Richtung Jekaterinburg kommt, Müller geht mit dem Tschainik zum Kipjatok heißes Teewasser holen und schnüffeln. Er spricht mit den Towarischen, der Transportführer kommt und stellt sich dazu. Müller erzählt unseren üblichen Psalm: Sechs Jahre gefangen, hungernde Kinder, bisher bei Bauern gearbeitet, wollen zur Registrierung nach Jekaterinburg, wenn wir zu spät kommen, ist unser Transport schon weg usw. "Ja, wenn wir mit der Bahn fahren dürften", sagt Müller, "dann wäre uns geholfen." Dabei guckte er den Transportführer von der Seite so von unten herauf an. Der zuckt die Achseln und lacht: "Wenn euch der Zugführer mitnimmt, habe ich nichts dagegen." Wir nehmen unsere Brocken und klettern einfach in den Zugführerwagen. Dort liegt einer von den Towarischen, mit denen Müller vorher gesprochen hatte. Wir begrüßen ihn freundlich und drehen mit ihm Zigaretten von meinem Machorka und Zeitungspapier. Er freut sich, dass er so angenehme

Gesellschaft hat. Der Zugführer ist erstaunt, schimpft und will uns hinauswerfen. Wir sagen, dass wir vom Transportführer die Erlaubnis zur Mitfahrt hätten. Der Towarisch sekundiert uns eifrig und erzählt dem Zugführer unsere Jammergeschichte. Na, schließlich hockt sich der Alte brummend in eine Ecke, der Zug rollt. Am nächsten Morgen sind wir in Jekaterinburg.

In Jekaterinburg wissen wir, dass wir nun endgültig Sibirien im Rücken haben. In dem bolschewistischen Propagandabüro am Bahnhof kaufen wir eine Zeitung. Darin steht eine Bekanntmachung, dass sich alle im Uralhibernium aufhaltenden Plennis des Abtransportes wegen bis zum 10. August melden sollten. Es ist jetzt etwa der 8. August. Wir gehen vom Bahnhof in die Stadt. Vor einer Toreinfahrt sitzen zwei Österreicher. Wir setzen uns zu ihnen und ziehen Erkundigungen ein. Hier ist die Gefangenensammelstelle. Alles, was sich meldet, wird registriert und untergebracht. Die Österreicher versichern uns auf unsere Bedenken, dass es hier anders sei als drüben in Sibirien, dass bisher alle Transporte von Jekaterinburg pünktlich abgefahren seien und dass wir als Deutsche zweifellos mitkämen. Wir melden uns also. Der Schreiber trägt uns in die Transportliste ein. Der "Adjutant" des russischen Lagerkommandanten ist ein österreichischer Jude, Internationaler natürlich mit roter Kokarde. Wir legen unsere Omsker Ausweise vor und sagen, ein Truppentransport habe uns mit hierher gebracht. Er sieht uns misstrauisch an, gibt sich aber schließlich zufrieden, und wir bekommen Jekaterinburger Ausweise und sind somit wieder Europäer.

Der schlossartige Gebäudekomplex, in dem wir untergebracht sind, gehörte vor der Revolution einem Bergwerksbesitzer. Außer Kriegsgefangenen sind auch eine Menge Zivilgefangener hier mit Weib und Kind. Von unserem Spezialistentransport sind schon einige Österreicher da, dann kommen am nächsten Tag noch ein paar Deutsche vom Kansker Lager. Es ist alles besetzt, wir hausen in einem dunklen Winkel unter einer Treppe. Morgens gehen wir zum Markt, weil das Essen zwar für Plennibegriffe gut, aber nicht ausreichend ist. Nachmittags sehen wir uns die Stadt an.

Jekaterinburg ist die schönste und sauberste russische Stadt, die ich gesehen habe. Die Straßen sind gepflastert, die Fußsteige mit großen Steinplatten belegt. Den Steinhäusern gegenüber tritt das Charakteristikum der russischen Kleinstadt, das hölzerne Blockhaus, völlig in den Hintergrund. Die Stadt könnte, wenn nicht überall die Zwiebelkirchtürme der griechisch-orthodoxen Kirchen hervorragten, vergessen lassen, dass man sich in Russland befindet. Auch eine deutsche Kirche ist da, denn vor dem Krieg gab es viele Deutsche in Jekaterinburg. Sollten diese etwa auf das Stadtbild so abgefärbt haben? Die Stadt liegt zwischen bewaldeten Höhen um einen See herum so schön, dass selbst die Bolschewiken ihr eine gewisse Freundlichkeit und Vornehmheit nicht rauben konnten. Wir baden im See und besuchen das interessante naturwissenschaftliche Museum mit seiner prachtvollen Mineraliensammlung, die all die kristallenen Bodenschätze des Ural vorführt, fußhohe farbige Kristalle, flimmernde und funkelnde Edelsteine. Eine große goldene Kugel veranschaulicht die Goldmenge, die in einigen Jahren in den Jekaterinburger Goldgruben gewonnen wurde. In einem Glasgehäuse steht das fast vollständige Gerippe eines Riesenhirsches, größer als ein Pferd mit etwa vier Meter klafterndem riesigen Schaufelgeweih. Kolossale Mammutknochen, Nashornschädel, an denen noch die Haut sitzt, Höhlenbären, Säbeltiger, die ganze Fauna der Eiszeit ist in wunderschön erhaltenen Stücken vertreten. Anordnung, Namensschilder und Bilder lassen erkennen, dass hier deutscher Forschergeist gearbeitet hat.

Eine Woche lang haben wir Zeit, uns die Stadt anzusehen. An dem großen Platz, an dem unsere Unterkunft liegt, steht auch das Haus, in welchem die Zarenfamilie von den Bolschewiken ermordet wurde. Ein lächerlich wirkendes Denkmal, scheinbar aus

Latten und Gips, ist den in der Revolution umgekommenen Towarischen gewidmet. Große Plakate, barbarisch in schreienden Farben, proletenhaft, sollen für den weltbeglückenden Bolschewismus Reklame machen. Hinter unserem Schloss ist ein Park. Fast täglich ist dort Promenadenkonzert. Der Revolutionsgent stolziert umher mit Sporen und Reitstöckchen, Dämchen in modischen Kleidern, Matrosen, Pennäler, Plennis. Im Sommertheater sehe ich mir ein Propagandastück an, ein Machwerk, schauerlich gemimt, aber - semper aliquid haeret[15].

Das Unglaubliche, bisher in Russland noch nie Erlebte, geschah: Pünktlich am 14. August wurden wir verladen, pünktlich am 15. fuhr der Transport ab mit Papieren nach Petersburg. In fünf Tagen werden wir dort ankommen, das ist nunmehr, da wir ja mit Sowjetpapieren im planmäßigen Transport sitzen, doch wohl ganz sicher.

Ja, Pustekuchen! Wenn wir nicht eben in Russland wären! Unterwegs geht die Verpflegung aus, wir hungern mal wieder. In Perm geht der Transportführer zur Kommandantur, um Lebensmittel anzufordern. Er kommt mit einem mit ihm diskutierenden Towarisch zurück. Es wird bekanntgegeben, dass der Transport hier in Perm einige Tage warten muss, da in Petersburg infolge einer Stockung sich große Plennimassen angesammelt hätten. Der Kommandant in Perm ist ein Tscheche, die Sache scheint demnach recht faul zu stehn. Jedenfalls ist irgendetwas nicht sauber. Der Transportführer telegrafiert nach Moskau, dass wir aufgehalten worden seien und bittet um telegrafischen Befehl zur Weiterfahrt. Es wird der Versuch gemacht, einen Lokomomotivführer zu bestechen, dass er uns in der Nacht abschleppt. Wenn's geht, will er es machen. Aber am Morgen stehen wir immer noch. Eine Lokomotive setzt sich vor den Zug. Es scheint also doch loszugehen. Nein, wir werden auf ein Nebengeleis geschoben. Der Tscheche erscheint und gibt den Befehl, dass wir auswaggonieren sollten.

---

[15] übersetzt: Es bleibt immer etwas hängen.

Wir weigern uns. Er droht, dass er im Falle einer Widersetzlichkeit den ganzen Transport mit Maschinengewehren zusammenschießen wird. Wir schimpfen und bleiben drin. Es wird vor dem Transportzug eine Versammlung abgehalten, Protestreden, Protestresolution, abermals dringendes Telegramm nach Moskau. Schwerbewaffnete Towarische mit Handgranaten erscheinen und umstellen den Zug, Maschinengewehre werden aufgebaut. Trotz heftigen Sträubens müssen wir heraus.

In einer Kaserne werden wir zusammengequetscht. Dicht dabei hat eine große Zigeunerbande unter Bäume ihre Zelte aufgeschlagen. Interessante Typen, braun, schwarzhaarig, bunt, zerlumpt. Da ich nun doch mal wieder Läuse habe, kommt es auf ein paar mehr oder weniger auch nicht mehr an. Ich mische mich darunter und setze mich mitten unter eine um ein Holzfeuer hockende Gesellschaft. Der Machorka, den ich in einer Schachtel bei mir trage, geht zwar drauf, aber wir unterhalten uns prächtig. Die Zigeuner sind auch interniert und dürfen nicht weiter. Wir schimpfen, russisch radebrechend, auf die verfluchten Towarische. Meine Taschen brauche ich nicht zuzuhalten, da ich nichts drin habe. Ein strammes Mädel mit kohlschwarzen Glutaugen ist scharf auf meine Pfeife, sie will rauchen. Ich halte die Pfeife fest und lasse sie so rauchen; denn die Pfeife ist mein liebstes Besitztum und wenn ich sie aus der Hand lasse, ist sie verschwunden. Mitfühlende Seelen heimeln an:

"solatium miseris, socios habere doloris."[16]

Vorläufig ist an Weiterfahrt nicht zu denken. Wir sollen Stämme von in der Kama, dem bei Perm vorbeifließenden breiten Nebenfluss der Wolga, liegenden Flößen ans Ufer schleppen. Die Geschichte soll etwa drei Wochen dauern, dann sollen wir weiterfahren. Ein übler Leim natürlich. Na, wir sehen uns schon einmal Perm an, seine Kirchen mit wunderbaren Gemälden und Mosaikbildern. Mit Müller mache ich ei-

---

[16] übersetzt: Der Trost des Elenden ist es, Gefährten im Leid zu haben.

nen Bummel vor die Stadt. Auf der Kama liegen weiße Dampfer und eine Unmenge von Flößen. In einem tief eingeschnittenen Erosionstal sieht man die rote Erdschicht, die nach ihrem hiesigen Vorkommen der ganzen geologischen Formation den Namen Permformation gegeben hat. Weit flussaufwärts sieht man Schlote rauchen. Es ist eine der wenigen noch in Betrieb befindliche Fabriken, wie man uns sagt, von einem Plenni geleitet. Sonst ist in Perm nicht viel zu sehen.

Es geht zur Arbeitsstelle. Mit der von einem Dampferchen geschleppten Fähre werden wir über den Fluss gebracht. Dieses Hindernis hätten wir mal hinter uns. Wenn das Telegramm nach Moskau wirkungslos bleibt, was ja, da im kommunistischen Russland jedes Mistvieh tut, was ihm gefällt, wahrscheinlich ist, werden wir uns verrollen. Ein paar Kilometer flussaufwärts ist eine leerstehende Villenkolonie. Die "Kapitalbestien", die sie früher bewohnten, sind natürlich verschwunden. In den leeren Villen lassen wir uns häuslich nieder. Am ersten Tag gab es gar nichts zu essen, am zweiten kam Zeug zum Kochen von Kaschasuppe und die Nachricht, dass die Arbeit an den Flößen beginnen sollte, am dritten verrollte ich mich.

Früh morgens packten Müller und ich unsere Bündel und drehten die Nase nach Westen der so fernen Heimat zu. Mit unserem Mundvorrat war es äußerst schlecht bestellt. Ich hatte gar nichts mehr, Müller ein Säckchen mit steinhart getrockneten Schwarzbrotstückchen, "Zwieback", wie er es mit Stolz nannte. Die Aussicht, etwas kaufen zu können, war gleich Null. Trübe Aussichten und jämmerlicher Hunger. Im nächsten Dorf versuchten wir, gegen Wäsche Brot einzutauschen. Die Leute hatten selbst nichts und waren misstrauisch. Entmutigt und mit knurrendem Magen zogen wir weiter, Stunde auf Stunde in der Augustsonne. Endlich erhielt ich, nachdem wir ein Dorf fast ganz abgeklappert hatten, für ein Hemd ein halbes Schwarzbrot. Wir aßen es gleich auf. "Zwieback", den Müller gegen sein Handtuch erhielt, kam ins Zwiebacksäckchen für die äußerste Not. Wir hielten uns immer in der Nähe der Bahnstrecke und erreichten eine Haltestelle, auf der schon mehrere Plennis von unserem Jekaterinburger Transport saßen. Die erzählten uns, der Stationsvorsteher sei ein freundlicher Kerl. Er wolle uns Fahrscheine geben für den Vorortzug, der nach Glasow ging. Dreihundert Kilometer! Ein anständiger "Vorortzug"! Gegen einige Hundert Rubel bekamen wir einen Sammelfahrschein, der Zug kam, am nächsten Morgen waren wir in Glasow.

Auf dem Bahnhof war eine starke Militärwache. Überall standen Towarische herum. Da es Abend war, drückten Müller und ich uns in den Wartesaal. Ein Zug fuhr ein. Wir sahen nach. Es war ein Personenzug, der an Stelle des früheren Expresszuges jetzt einmal täglich von Tschita kommend hier abends durchfährt. Aus- und Einsteigende werden von den an jedem Wagenausgang stehenden Posten kontrolliert. Es erscheint ausgeschlossen, unbemerkt hineinkommen zu können.

Um den Hunger vor dem Einschlafen etwas eindämmen zu können, isst jeder eine Handvoll von Müllers Zwieback. Am Morgen müssen wir sehen, dass wir etwas zu knabbern bekommen. Einzutauschen haben wir nicht mehr viel, meine Schlafdecke will ich vorerst behalten. Ich ziehe mein Hemd aus - es ist mein letztes und ist am ehesten entbehrlich - und wasche es am Brunnen, trockne es dann auf einem Zaun. Gegen Mittag ziehe ich in den Ort von Haus zu Haus, um etwas Essbares dafür zu erhandeln. Mit drei Eiern und einigen Kringeln komme ich zurück. Müller holt am Kipjatok Teewasser - wir leben bong[17].

Abends kommt der "Express". Die Laternen auf dem Bahnsteig brennen hell, nur eine ist dunkel. Dorthin haben wir unsere Bündel gelegt. Beobachtend drücken wir uns in der Nähe herum; es wird zur Abfahrt gebimmelt, die Lokomotive faucht, die Österreicher machen vorn am Bahnsteig ein lautes Getüm-

---

[17] vom französischen bon (gut)

mel, die Posten sehen alle dorthin, wie der Blitz haschen wir unsere Bündel und springen auf den schon fahrenden Zug. Ich komme hinein, einer der Posten erwischt Müller am Wickel und zerrt ihn wieder heraus. Schnell fährt der Zug in der Nacht nach Westen.

Der Wagen ist mit Menschen vollgepfropft, alles steht dicht an dicht, man wird gedrückt, die Fahrt ist kein Vergnügen. Was wird mit Müller geschehen sein? Außer mir sind noch drei deutsche Plennis vom Kansker Spezialistentransport im Wagen. In Jekaterinburg waren wir zusammen, und auch sie sind am selben Morgen wie Müller und ich von Perm abgehauen. Wir sind also zu viert. Morgens sind wir in Wjatka. Noch ehe die Kontrolle kommt, steigen wir auf der entgegengesetzten Seite aus und verschwinden zwischen den Güterwagen. Wir sehen zu, wie kontrolliert wird. Hinein können wir nicht mehr. Der schöne "Express" dampft ab.

Im Wartesaal treffen wir zwei Österreicher, die wir vom Spezialistentransport her kennen und die ebenfalls von Perm ausgerückt waren. Sie waren mit uns in Glasow angekommen und hatten auf einem Güterzugwagen unter einem Motorboot Nachtquartier bezogen. In der Nacht wurde der Güterzugwagen an einen Zug gehängt, der zufälligerweise nach Westen fuhr, und so waren sie bequem nach Wjatka gekommen. Sie erzählten, dass sie bei der Evakuationskommission gewesen seien, dieser etwas vorgeflunkert hätten, worauf man ihnen Papiere nach Petersburg gegeben habe. Mit dem nächsten Zug wollten sie abfahren. Wir wollten dasselbe versuchen. An diesem Tage war aber bei der Evakuationskommission nichts mehr zu machen, da das Büro schon geschlossen war. Immerhin gingen wir zur Stadtkommandantur, erzählten, dass wir mit einem Invalidentransport auf der Fahrt nach Petersburg in Wjatka angekommen seien. Während wir, um Brot zu kaufen, ausgestiegen seien, sei unser Zug mit unserem Gepäck und unseren Papieren fortgefahren. Um unsere Erzählung glaubhaft zu machen, hatten wir natürlich unsere Bündel auf dem Bahnhof gelassen. Man sagte uns, wir sollten uns am nächsten Tag auf dem Evakuationsbüro melden.

Das taten wir und erzählten wie die betrübten Seifensieder unsere Geschichte. Der Schwindel schien nicht neu zu sein, man hörte uns zu und sah uns misstrauisch an, aber - unsere Personalien wurden aufgenommen, und wir bekamen eine Anweisung auf einen Sammelfahrschein nach Petersburg.

In Wjatka war nicht viel zu sehen. Es war ein großer Trödelmarkt dort, wo man für Geld noch alles kaufen konnte. Ich verkaufte meine Schlafdecke und verproviantierte mich von dem Erlös für einige Tage. Ein kleines rundes Schwarzbrot kostete 1000 Rubel, ein Ei 30 Rubel, es war also verhältnismäßig billig. Auf dem Bahnhof bekamen wir den Fahrschein. Wir wollten mit dem "Express" fahren, erhielten aber nur Papiere für einen Tepluschkenzug. Als wir auf einen Zug wartend auf dem Bahnsteig saßen, erschien plötzlich Müller. Er war den Glasowern Towarischen wieder entwetzt und soeben mit einem Güterzug angekommen. Ich gab ihm meinen letzte Tausendrubelschein und einige Aufklärung. Unser Zug kam an, stolz präsentierten wir der Kontrolle unseren Fahrschein und stiegen in eine Tepluschka. Drei oder vier Tage fuhren wir durch die Ebene Nordrusslands, Dörfer, Felder, Weiden, in Wologda Kontrolle, Seen, trostlose neblige Sumpfwälder, große Findlingsblöcke, alles eben. An einem Vormittag kamen wir in Petersburg an.

Von Petersburg nach Deutschland

Auf dem Petersburger Bahnhof war großes Gedränge. Wir quetschten uns durch und erkundigten uns unten bei einem Auskunftsbüro nach der deutschen Gefangenensammelstelle und bummelten hinaus in die Stadt. Petersburg machte äußerlich den Eindruck einer normalen europäischen Großstadt: hohe Steingebäude, gepflasterte und asphaltierte Straßen, elektrische Straßenbahnen, Anlagen. Auf den Straßen war ziemlicher Betrieb, aber kein Kaufladen, keine Geschäftstätigkeit. Leer und staubig zogen sich die Schaufenster an den früheren Geschäftsstraßen entlang. Der Bolschewismus hat alles erstickt. Wohin wir vom Auskunftsbüro geschickt wurden, war natürlich keine Gefangenensammelstelle. Von einem Österreicher erfuhren wir, dass wir zur italienischen Botschaft gehen sollten. Es dauerte wieder eine Stunde, bis wir diese gefunden hatten.

Die Gefangenensammelstelle stand unter der Leitung deutscher Kommunisten. Alle Plennis, die mit Transporten ankamen oder sich aus allen Teilen Russlands und Sibiriens tropfenweise einfanden, wurden hier in Transportlisten eingetragen und wenn Transportmöglichkeiten vorhanden und eine genügende Zahl zusammen war, geschlossen aus Russland abgeschoben. Es durften aber nur Mannschaften weg, keine Offiziere. Offiziere fuhren natürlich als Mannschaften. Einige, die auf Grund ihrer Papiere weder Kapitalismus noch Intelligenz verleugnen konnten, hatten durch eine Eingabe an den Sowjet Ausreiseerlaubnis bekommen, weil sie in Russland geheiratet hatten, und fuhren nun mit ihren Frauen nach Deutschland. Sie wurden wie Zivilgefangene behandelt, deren auch eine Anzahl da war.

In der italienischen Botschaft gingen wir auf die Schreibstube und wurden dort nach Ablieferung unserer Papiere in die Transportliste eingetragen. Wir meldeten uns zu viert, so wie wir von Wjatka aus zusammen waren. Als auf die Frage nach dem letzten Lager, in dem wir uns dauernd befunden hätten, immer wieder "Kansk" kam, grinste der Towarischregistrator, denn Kansk war als Offizierslager bekannt und stand daher bei Towarischen in üblem Geruch. Wir mochten wohl auch trotz unserer äußeren Verlotterung unsere "Intelligenz" nicht verbergen gekonnt haben. Na, es war gut, wir konnten uns mal wieder im Baderaum vom Kopf bis zum Fuß waschen, bekamen frische Wäsche, und - wir waren einmal wieder vorläufig geborgen.

Da die italienische Botschaft voll belegt war, wurden wir zur deutschen Botschaft geschickt, die nicht weit davon entfernt war. Die deutsche Botschaft war ein großes schönes Gebäude mit vornehmer Einfachheit aus edlem Material errichtet. Jetzt waren die Fenster nach der Straßenseite zu mit Brettern vernagelt. Innen Marmortreppen, Parkettböden. Der Plenni lümmelte sich auf lagenweise übereinanderliegenden kostbaren Perserteppichen herum und durchschnüffelte die überall herumliegenden Bücher und Handschriften. Ich fand ein Dokument, das die Unterschrift des deutschen Kaisers trug und hätte es gerne mitgenommen, wenn ich nicht Angst vor der Grenzrevision gehabt hätte. Es ging ein Transport über Finnland ab, in der italienischen Botschaft wurde Platz frei, und wir zogen dorthin um. Im Gegensatz zu den großzügig angelegten hellen, modernen Räumen der deutschen Botschaft macht die italienische einen alten, gedrückten Eindruck. Dunkle Gänge, enge Höfchen, überall Kleinarbeit. Wir liegen in einem Rokokosälchen mit Deckenmalereien und zierlichen Goldschnörkeln. Eiserne Bettstellen mit Strohsack und Decken, Rote-Kreuz-Schwestern, die auf Ordnung sehen. Mittags und abends gab es Feldküchenfraß, aber der ausgehungerte Plenni wird selten satt.

Wir haben Zeit genug, uns Petersburg anzusehen. Auf dem Trödelmarkt, der einzigen zugelassenen Handelsstelle, gibt es allerhand Kleinigkeiten zu kaufen. Brot ist kaum zu haben, das Pfund kostet einhundert Rubel. Frauen, denen noch anzusehen ist, dass sie den besseren Ständen der Bevölkerung angehörten, bieten Kochtöpfe, Geschirr und Kleidungsstücke zum Kauf an, um nur dürftig leben zu können. Verhärmte, gramzerfurchte Gesichter, eingefallene Backen.

Viele Häuser in Petersburg stehen leer, die Bewohner sind hingemordet, geflohen oder der Hungersnot oder den Seuchen zum Opfer gefallen. An vielen Stellen ist die Holzpflasterung der Straßen aufgerissen und zu Heizzwecken verbraucht worden. Selten sieht man Vorhänge an den Fenstern. An den Straßenbahnhaltestellen stehen die Leute in langen Schlangen und warten auf Fahrgelegenheit. Breit fließt die Newa zwischen ihren Fassungsmauern und Quadersteinen dahin. Ein großer deutscher Lazarettdampfer, der mit invaliden Kriegsgefangenen nach Deutschland abfahren sollte, hat sich aus unaufgeklärten Gründen plötzlich auf die Seite gelegt. Viele der bettlägrigen Invaliden sind dabei ertrunken. Das halbversunkene Wrack des Riesenschiffes liegt jetzt in der Nähe des Ufers. Auf der Newa

Torpedoboote und Kreuzer der Russischen Kriegsflotte. Sie machen einen trübseligen Eindruck, dreckig und verlottert wie alles hier. Von der See her weht ein frischer Wind und türmt die blaugrauen Wogen. Wie schön muss Petersburg früher gewesen sein!

Am Winterpalast am Newaufer sind die einfriedigenden Gitter und Mauern zusammengerissen. Wir sehen uns den Zarenpalast von innen an. Im Innern ist eigentlich nur wenig zerstört. Die Gemälde in der Galerie sind teilweise durchlöchert. In den Wohnräumen der Zarenfamilie ist nichts geändert. Prächtige Möbel, Teppiche, Bilder. Man verspürt einen Hauch von Hochkultur. Überall gehen wir herum, in den Schlafzimmern, Baderäumen, in den Wohnräumen der Zarin, dem Arbeitszimmer des Zaren. Der große Saal wurde zu Sowjetversammlungen und als Kino benutzt, jetzt scheint er wieder geschont zu werden. Aus den Worten unseres Führers ist zu erkennen, dass er ein Gegner des Bolschewismus ist.

In der Nähe des Winterpalastes erhebt sich auf einem mächtigen Granitblock das Reiterstandbild des Zaren Alexander auf schäumendem Ross. Es ist das einzige unzerstörte Zarendenkmal, das ich in Russland gesehen habe. Scheinbar ist es so solide gebaut, dass ihm mit den gewöhnlichen Mitteln des blinden Hasses des Sraßenpöbels nicht beizukommen ist. Auch die Isaakskathedrale mit ihren gewaltigen schwarzen Marmorsäulen, mit ihren wunderbaren Mosaikbildern, prächtigen silber- und goldgeschmiedeten Türen ist unversehrt geblieben.

Drüben auf dem anderen Newaufer besuche ich das Völkermuseum, in dem mich besonders die reichhaltige prähistorische Abteilung interessiert. Auch das Zoologische Museum ist wohl eines der besten Museen der Welt. Auf der Gründer- und Vorstehertafel, die im Vorraum hängt, stehen meist deutsche Namen. In einem Glaskasten hockt das bei Berowska an der Lena gefundene Mammut mit Haut und Haaren, genau in der Stellung und in der Umgebung, in der man diese Zeugen der Eiszeit an der Fundstelle ausgegraben hat. In Konservierungsflüssigkeit sind seine Muskeln,

Gliedmaßen und der Mageninhalt, wie frisch von einem lebenden Tier, aufbewahrt.

Ein unerfreuliches Gegenstück des geradezu mustergültigen Zoologischen Museums ist der Zoologische Garten: Abgemagert schleichen die wenigen noch vorhandenen Raubtiere hinter den rostigen Gittern umher, leere, verdreckte Käfige, verwilderte Anlagen.

Im Allgemeinen kann man feststellen, dass alles, was keiner besonderen Instandhaltung bedarf und was der Zerstörungswut des Pöbels entgangen war, Hochachtung vor dem zaristischen Petersburg aufnötigt. Alles Unterhaltungsbedürftige bietet ein Bild vollkommener Verwahrlosung - das Allgemeinbild des Bolschewismus.

Wir wurden natürlich in Petersburg eifrigst in kommunistischem Sinne beeinflusst. Es wurden mit großem Tamtam Versammlungen abgehalten, wüste Reden gehalten: Noske, Henker des Proletariats, Scheidemann, Verräter des Proletariats.

Die Offiziere hießen nur "feldgraue Hurrabestien". Mit großem Stimm- und Gestenaufwand und anerkennungswerter Begeisterung wurde auf die jetzige deutsche Regierung geschimpft und der von den Sklavenketten des Kapitals befreiende Bolschewismus verherrlicht. Besonders aber wurde die Reichswehr, die Henkersknechte des Kapitalismus, durch den Dreck gezogen. Vor dem Eintritt in die Reichswehr wurde gewarnt. Einmal zogen wir mit klingendem Spiel hinter blutroten Fahnen mit der goldenen Aufschrift "Proletarier aller Länder vereinigt Euch!" durch Petersburgs Straßen zum "Subotnik". "Subotnik" ist die freiwillige Arbeitsleistung für den kommunistischen Staat. Wir entluden auf der Newa ein Schiff mit Brennholz für die Petersburger Bevölkerung. Eine besondere Fleischration zur Verpflegung war der Lohn.

Nach etwa achttägigem Aufenthalt fuhren wir in einem Transportzug mit Personenwagen von Petersburg ab nach Narwa. Vor der Grenze genaue Revision, alles Geld mit Ausnahme von 5 000 Sowjetrubel musste abgeliefert werden. Estland[18] hat seine Grenze gegen den famosen Sowjetstaat durch einen sehr soliden Drahtverhau markiert. Dass ich nach Passierung dieses Drahtverhaues sehr erleichtert aufatmete, brauche ich wohl nicht zu versichern!

Die Hermannsfeste in Narwa.

In der estnischen Hafenstadt Narwa lagen wir wieder auf ein Transportschiff wartend etwa eine Woche innerhalb der Mauern der mittelalterlichen Burg. Wir waren in großen Zelten untergebracht. Es regnete fast andauernd und wir froren in den nasskalten vom Septemberwind gerüttelten Zelten. Die Verpflegung war auf knappe Rationen eingestellt. In einem besonderen Zelt konnte man deutsche Zeitungen und Bücher lesen.

---

[18] Das zuvor russische Estland wurde Anfang 1918 unabhängig.

Etwa am 8. September 1920 fuhren wir mit einem Wöhrmanndampfer[19] von Narwa ab. Jetzt erst auf dem deutschen Schiff mit den deutschen Matrosen begann der Druck der Gefangenschaft, das Gefühl des Losgelöstseins vom deutschen Vaterland zu weichen. Russland, das Land jahrelanger Leiden, hatte man jetzt endgültig hinter sich. Die Fessel des Überwacht- und Ausspioniertseins fiel ab. Man konnte wieder frei atmen, wieder frei seine wirkliche Gesinnung bekennen.

Als wir aus dem Finnischen Meerbusen auf die Ostsee kamen, brachte ein heftiger Nordwind schweren Sturm. In der Dunkelheit fegten Sturzwellen über das Deck, das Schiff wurde hin- und her und auf- und abgeworfen, und alle mit sehr seltenen Ausnahmen spendeten ächzend und stöhnend tränenden Auges den soeben als Abendmahlzeit genossenen Erbsenbrei mit Speck den Ostseefischen. Kreidebleich zog sich einer nach dem anderen die steile Treppe aus dem Laderaum, wo wir untergebracht waren, zum Deck hinauf. Es ist nichts Angenehmes, die Seekrankheit. Aber auch diese Nacht ging vorüber.

Morgens fuhren wir in etwa dreißig Meter Abstand an einer treibenden Mine vorbei. Das ganze russische Küstengebiet war noch von Minen verseucht. Unser Dampfer fuhr daher an der schwedischen Küste zwischen Gotland und Oeland durch, heimatlich anmutendes Germanenland!

Am dritten Tag kam die deutsche Küste in Sicht. Deutsche Torpedoboote und Kreuzer, Restteile unserer ehedem so stolzen Flotte. An Swinemünde vorbei, zwischen Usedom und Wollin hindurch, in schmalem Kanal, das Haff breitet sich, dann wird das Fahrwasser wieder enger. Gegen Abend legt der Dampfer in Stettin an. Musik, ein umfangreicher Herr hält eine kühle Willkommrede, in der er auf den jetzt in unserem Vaterland herrschenden demokratischen Geist hinweist. Sind das Deine Führer? Armes Deutschland!

---

[19] Schiff der Hamburger Reederei Woermann

Nachwort

Ankunft im Durchgangslager Lockstedt in Holstein, September 1920. Ganz rechts Hermann Groß.

Es fällt auf, dass zwei markante Ereignisse unerwähnt bleiben. Zum einen ist dies die Heimkehr. Was muss es für ein Erlebnis gewesen sein, nach so quälend langer, entbehrungsreicher Zeit endlich wieder nach Hause zu kommen! Und doch ist davon nichts überliefert.

Zum anderen wird nichts über die Reaktionen auf die unerwartete Kriegsniederlage Deutschlands berichtet, wahrscheinlich ein Ausdruck des Schocks und der tiefen Verbitterung, den diese Nachricht hinterließ. Nicht nur, aber auch in dieser Hinsicht vermittelt der Text über die Schilderung des unmittelbar Erlebten hinaus einen Eindruck davon, wie weit der Boden für die kommende geschichtliche Entwicklung schon bereitet war. Abscheu vor dem Kommunismus, eine geringschätzige Haltung gegenüber Juden und Demokraten sowie die Überzeugung von der Überlegenheit der deutschen Kultur waren weit verbreitet. Zusätzlich müssen die Erfahrungen mit Russen und Tschechen die Abneigung gegen die östlichen Nachbarn Deutschlands tief verwurzelt haben. Man muss sich darüber im Klaren sein, dass das Aufkommen des Nationalsozialismus vor dem Hintergrund dieser Erfahrungen und Überzeugungen für Hermann Groß ebenso wie für viele seiner Zeitgenossen wie eine Verheißung erscheinen musste. Sein Bericht stellt daher einen wenn auch nur kleinen, so doch sehr aufschlussreichen Beitrag zum Verständnis der Geschichte der ersten Hälfte des 20. Jahrhunderts dar.

Literatur

Zur Schilderung des geschichtlichen Hintergrunds habe ich die folgenden Veröffentlichungen herangezogen:

Peter Graf Kielmansegg: Deutschland und der Erste Weltkrieg. 2. Auflage, Klett-Cotta, Stuttgart, 1980.

Jochen Oltmer (Hrsg.): Kriegsgefangene im Europa des Ersten Weltkriegs. Ferdinand Schöningh, Paderborn, 2006.

David Stevenson: Der Erste Weltkrieg. Artemis & Winkler Verlag, Düsseldorf, 2006.